# 京成電鉄
## 新京成電鉄、北総鉄道の写真記録

### 【下巻】
### 1980年代～現在の記録

写真・文 長谷川 明

大佐倉駅に停車中の急行東成田行き3700形。この駅は乗降客の少ない静かなたたずまいの駅である。
◎大佐倉　1998（平成10）年6月1日

# .....Contents

（特記以外の写真は著者）

江戸川河川敷に広がる小岩菖蒲園を眼下に快走するAE100形スカイライナー。◎国府台〜江戸川　1993（平成5）年5月1日

# 京成電鉄、新京成電鉄、北総鉄道沿線古地図探訪

陸軍陸地測量部発行「1/25000地形図」

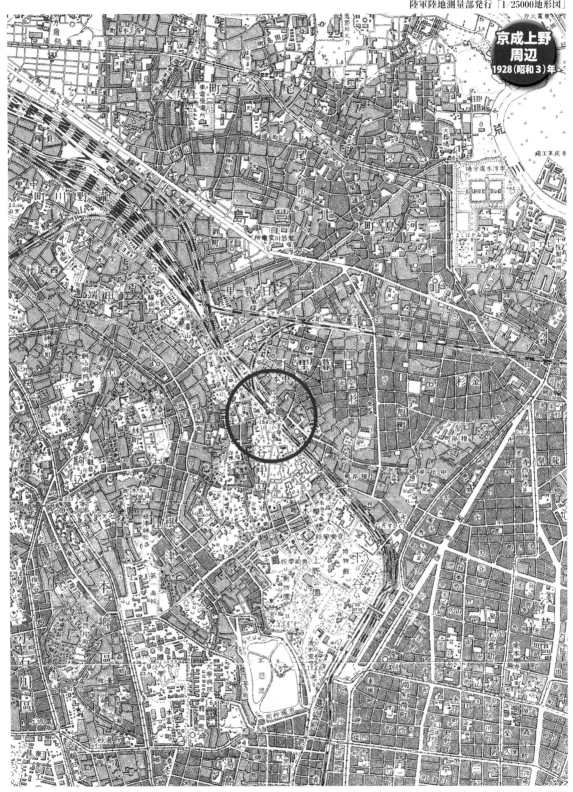

**京成上野
周辺**
**1928(昭和3)年**

【**京成上野周辺1**】　モダントウキョウの時代（1928年）の上野周辺の地図である。京成の上野公園（現・京成上野）駅の開業は1933（昭和8）年であり、ここには描かれていない。この時期、北側には「金杉」「龍泉寺」といった古い地名が見える。

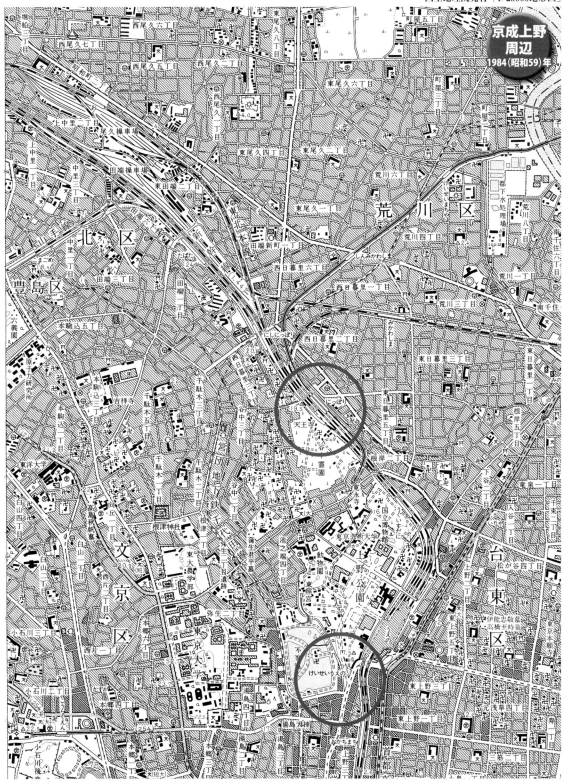

京成上野
周辺
1984(昭和59)年

【京成上野周辺 2】上野公園付近では、戦前の「美術学校」「音楽学校」に代わって、「東京芸術大学」が誕生している。不忍池の西側の「帝国大学」は「東京大学」に変わっている。北側では「谷中墓地」が整備されて、市街地の中で存在感を示している。

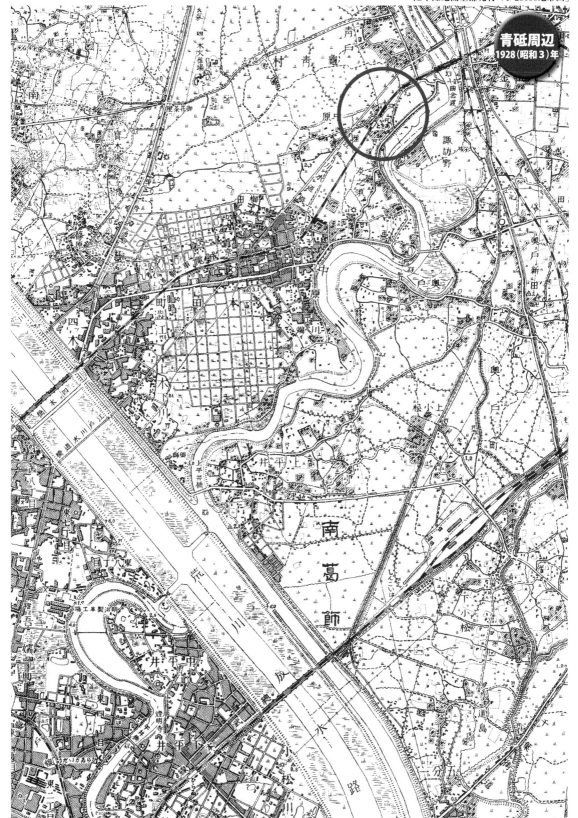

【青砥周辺1】荒川放水路（現・荒川）によって、東西に分断された葛飾区と墨田区。この地図では、うねうねと曲がりながら流れる中川の姿が印象的である。この時点（1928年）には青砥駅は開業しているものの、日暮里方面への路線はまだ開通していない。

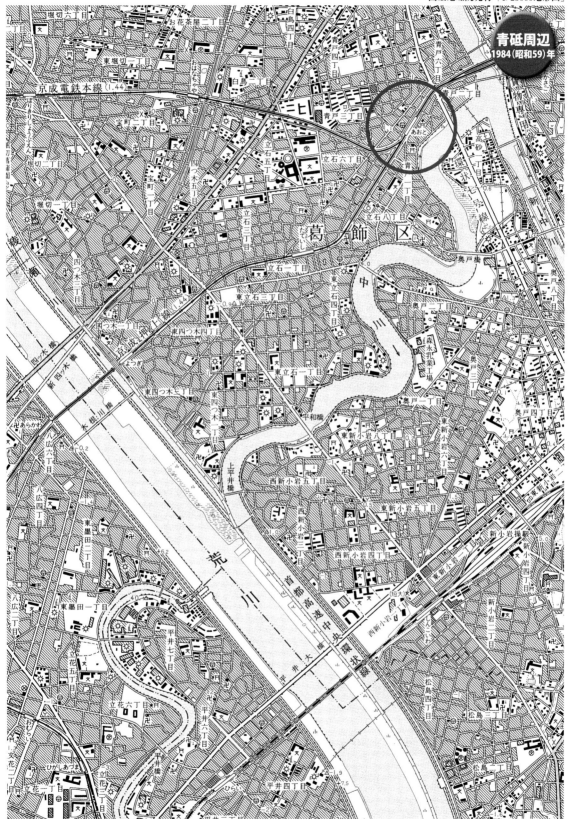

【青砥周辺2】京成上野方面に向かう京成本線が開通したことで、青砥駅から荒川（現・八広）駅、京成立石駅方面に走る旧・本線は京成押上線となっている。この時代には新中川も整備されており、荒川（放水路）沿いには首都高速中央環状線も見える。

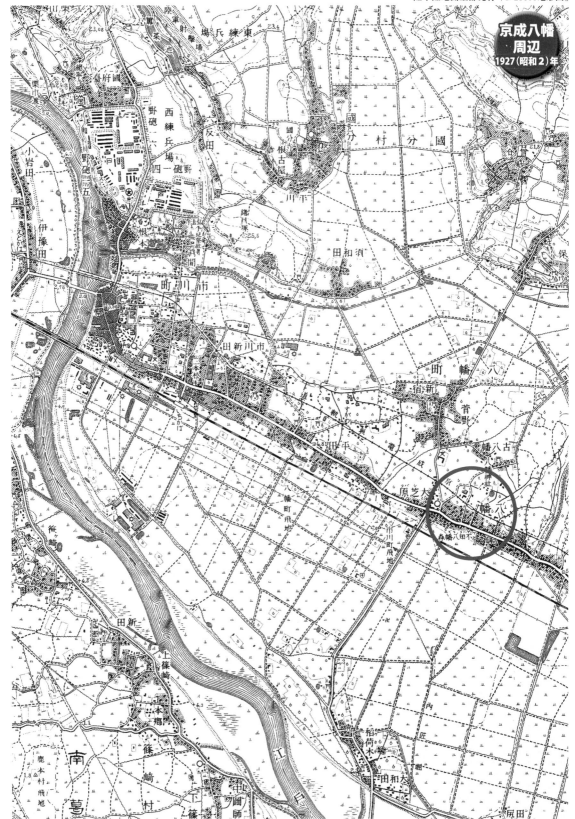

【京成八幡周辺1】江戸川を挟んだ千葉県側の市川町、八幡町付近の戦前（1927年）の地図である。東京から千葉方面の交通手段は、古来よりこの江戸川、利根川を利用した水路がメインだったが、鉄道、道路に変わろうとしていた。国府台付近には陸軍の東西「練兵場」が見える。

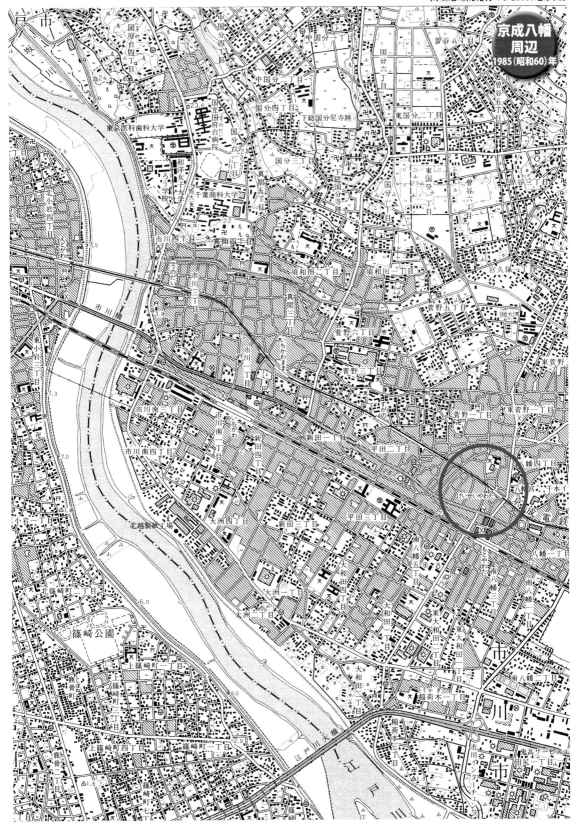

京成八幡
周辺
**1985**(昭和60)**年**

【京成八幡周辺2】東京に最も近い千葉として、大発展しつつあった市川市。江戸川には戦前からの「市川橋」に加えて、南側の「江戸川大橋」が架けられていた。国府台一帯には軍事施設に代わり、「千葉商科大学」や「和洋女子大学」「東京医科歯科大学」のキャンパスが誕生している。

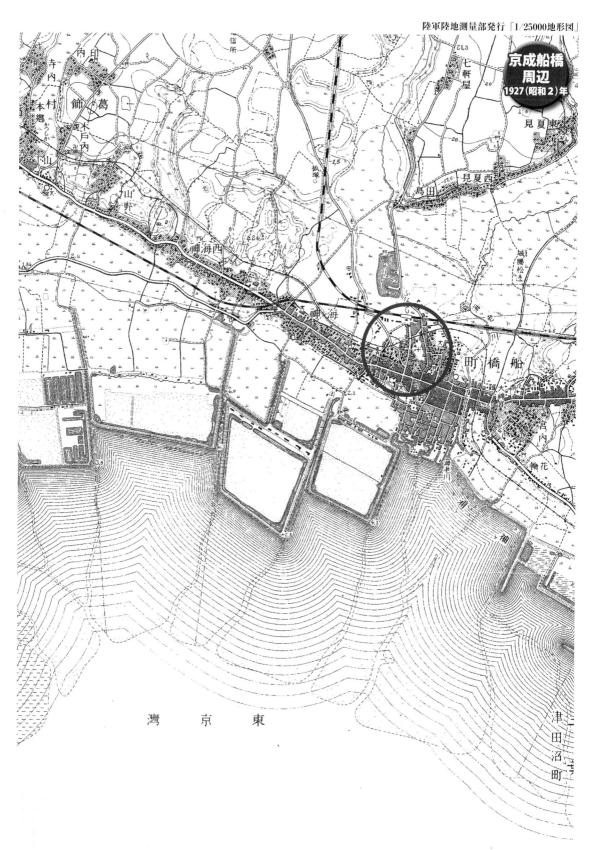

【京成船橋周辺1】現在とは見違えるような1927（昭和2）年の船橋町の地図である。海岸には農地とともに塩田が広がっており、漁業なども盛んだった。京成本線には、海神駅と葛飾（現・京成西船）駅が見えるが、国鉄の西船橋駅は存在していなかった。

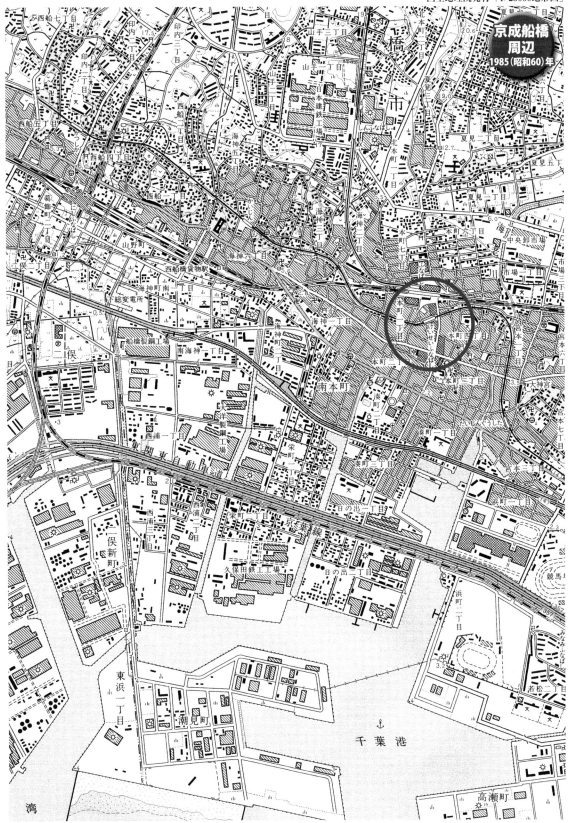

京成船橋
周辺
1985(昭和60)年

【京成船橋周辺2】1985(昭和60)年の船橋市の地図で、海岸付近にあった一大レジャー施設「船橋ヘルスセンター」は姿を消
したが、競馬場とオートレース場が残っている。西側には新たに
連絡駅となった西船橋駅が見え、武蔵野線、京葉線が走っている。

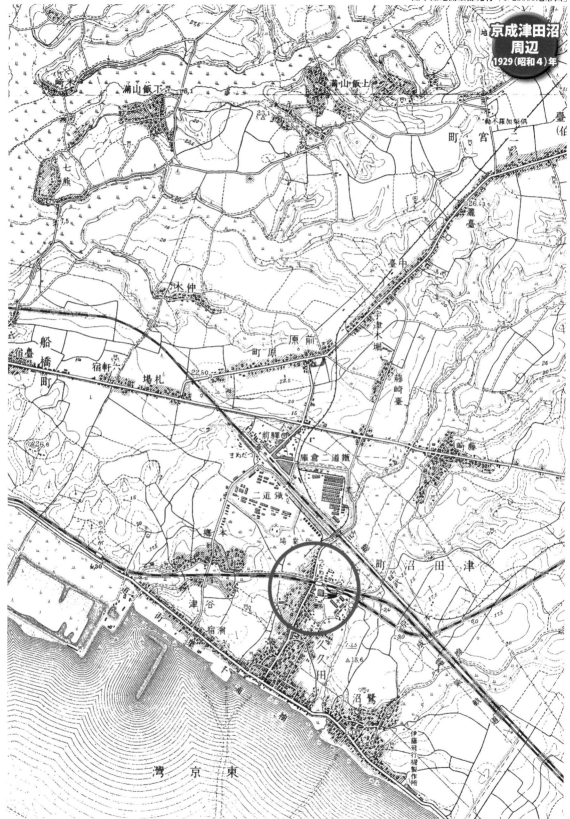

【京成津田沼周辺1】現在、人口約17万人の習志野市の前身が津田沼町であり、さかのぼれば「谷津」「久々田」「鷺沼」という3つの村が存在したことは広く知られている。ここには国鉄、京成が津田沼駅を設け、また陸軍の鉄道連隊も本部を置いて、演習線を延ばしていた。

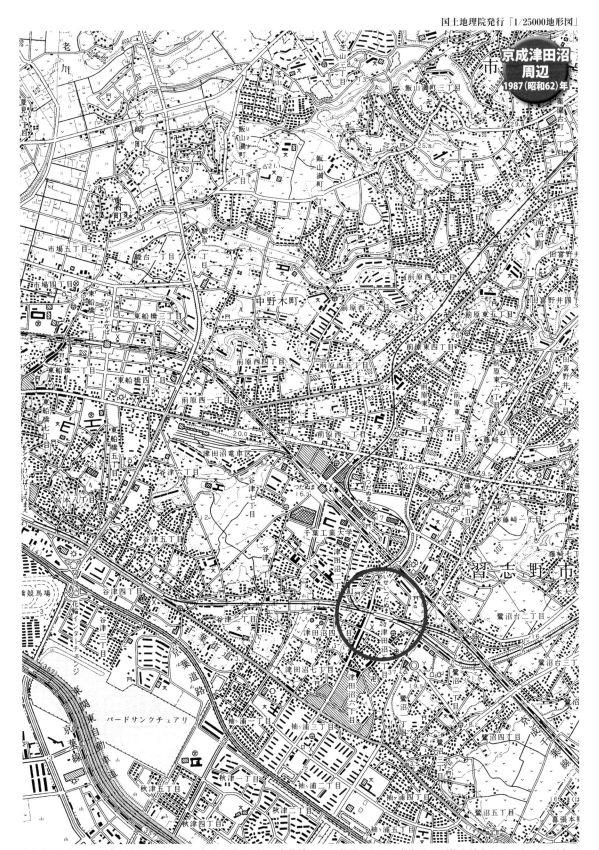

京成津田沼
周辺
1987(昭和62)年

【京成津田沼周辺2】京葉道路や東関東自動車道、国鉄の京葉線などが整備されて、市街地の面積を拡大していた頃の習志野市、京成津田沼駅周辺の地図である。戦前の鉄道連隊演習線は、新京成線に変わっているが、演習用にカーブを繰り返していた路線はほぼそのままである。

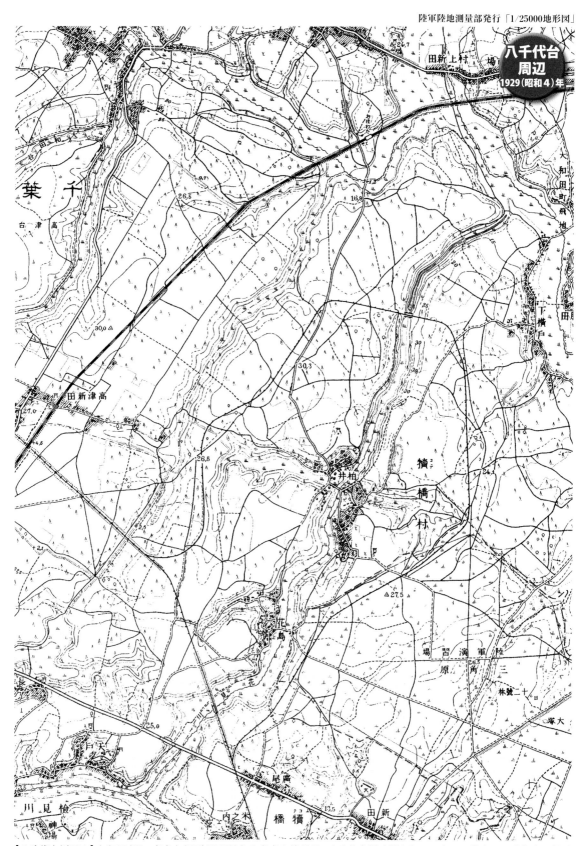

【八千代台周辺1】大和田（現・京成大和田）駅が見える京成本線だが、八千代台駅は置かれていない。現在の八千代台駅付近には「高津新田」の文字が見える。地図の南側は千葉郡の犢橋（こてはし）村で、1954（昭和29）年に千葉市（現・花見川区）に編入されるまで存在した。

高津

中村

大和田

八千代台北十七丁目

八千代台北十五丁目

八千代台北十三丁目

八千代台北一丁目

八千代台北三丁目

八千代台東一丁目

八千代台東三丁目

鷹之台ゴルフ場

横戸町

勝田台南三丁目

習志野八丁目

八千代台西七丁目

八千代台西三丁目

八千代台東二丁目

横戸台

八千代台南一丁目

八千代台南三丁目

八千代台南二丁目

柏井町

柏井浄水場

作新台三丁目

作新台二丁目

作新台七丁目

作新台六丁目

作新台八丁目

花見川団地

花島町

三角町

千葉鉄工団地

てばし台六丁目

てばし台四

てばし台三

千種町

千葉市

天戸町

犢橋町

三角町

さつきが丘二丁目

千葉北インターチェンジ

【八千代台周辺 2】八千代台駅が開業するのは、この地図が作成される約30年前の1956（昭和31）年で比較的新しい駅であった。この頃は既に周辺各地で住宅地が開発されており、「鷹之台ゴルフ場」も誕生している。右下には千葉県企業局の「柏井浄水場」がある。

15

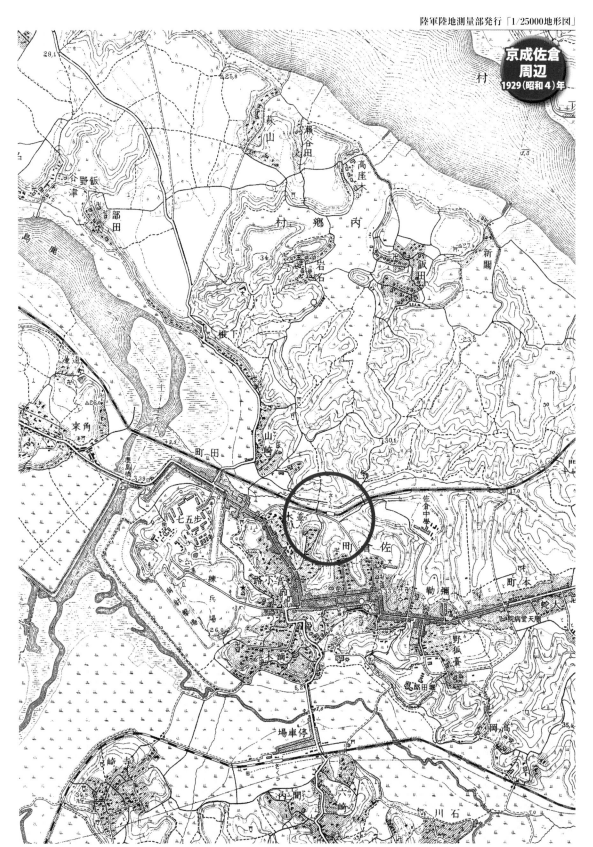

京成佐倉
周辺
1929（昭和4）年

【京成佐倉周辺1】北側を走る京成本線、南側に見える総武本線に挟まれて、佐倉の街が見える。街のシンボルである佐倉城の城跡（現・佐倉城址公園）には、陸軍の歩兵第57連隊が駐屯し、南側に練兵場が広がっていた。京成本線の北側は内郷村で、現在は佐倉市の一部。

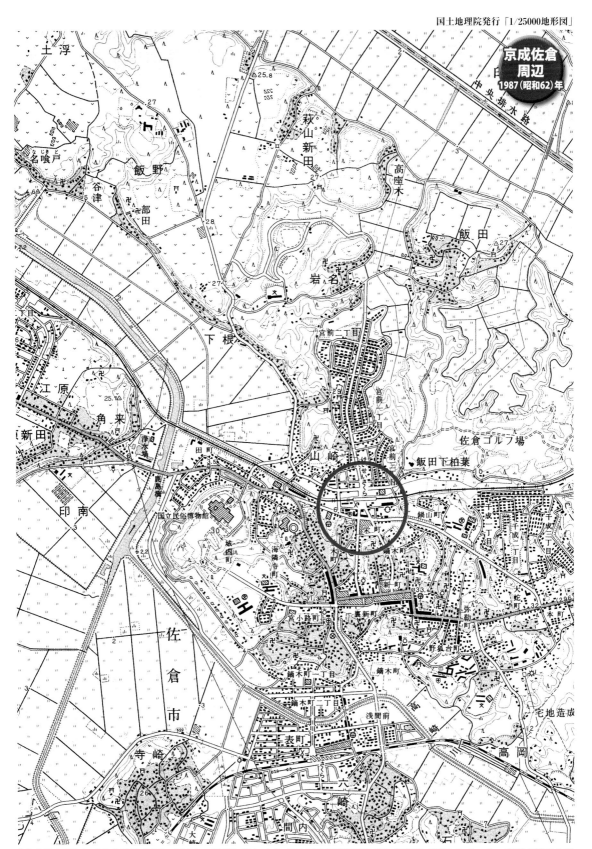

京成佐倉
周辺
1987（昭和62）年

【京成佐倉周辺2】佐倉城址公園には歴史・民俗に親しめる「国立歴史民俗博物館」（歴博）が誕生している。京成本線の北側には、「佐倉ゴルフ場」がオープンしていた。戦前に内郷村を編入した佐倉町は1954（昭和29）年に臼井町、志津村などと合併して佐倉市になった。

山金

藩　印

大株

山崎

大崎

入田浅間下

古屋

なんたらう

口山

公津新田

邨郷

上屋

巨關　山金

作山

寺勝新田

臺寺

たいなしかひ

成田町

臺護園

田和東

倉吉西

飯田新田

諭田

田

中弘

日吉倉

栗

成木新田

村里富

勝嵐寺野

田新倉吉日

【京成成田周辺1】南西からやってきた国鉄の成田線と京成電気鉄道（京成）が、成田市街にそれぞれ駅を設けていた。国鉄線はこの先で本線と支線に分かれていたが、京成は戦後の成田国際空港への延伸までは、この京成成田駅（この当時は仮駅）が終着駅だった。

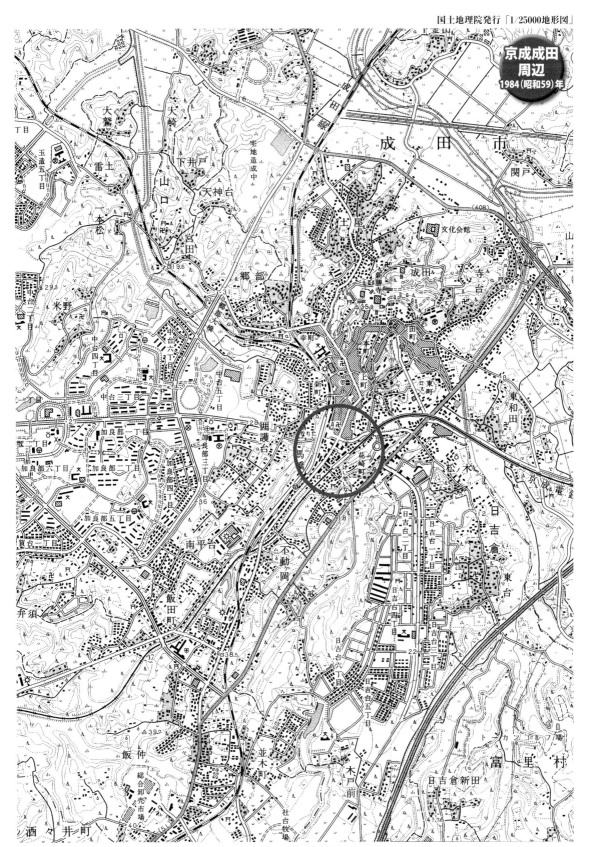

京成成田
周辺
1984（昭和59）年

【京成成田周辺2】成田市が成立したのは1954（昭和29）年で、成田山新勝寺の門前町だった成田がこの時期に市街地を広げて
いた様子がわかる。京成線も東側の成田国際空港方面に路線を延ばしていた。南東には同じく成田国際空港方面に向かう東
関東自動車道が見える。

【京成千葉周辺1】千葉にやってきた京成線は、千葉駅を当時の国鉄の千葉駅の南側に置いていたが、これは現在の京成千葉駅とは異なる場所にあった。この時期には新京成線は存在せず、その前身である陸軍の鉄道連隊の演習線が見える。

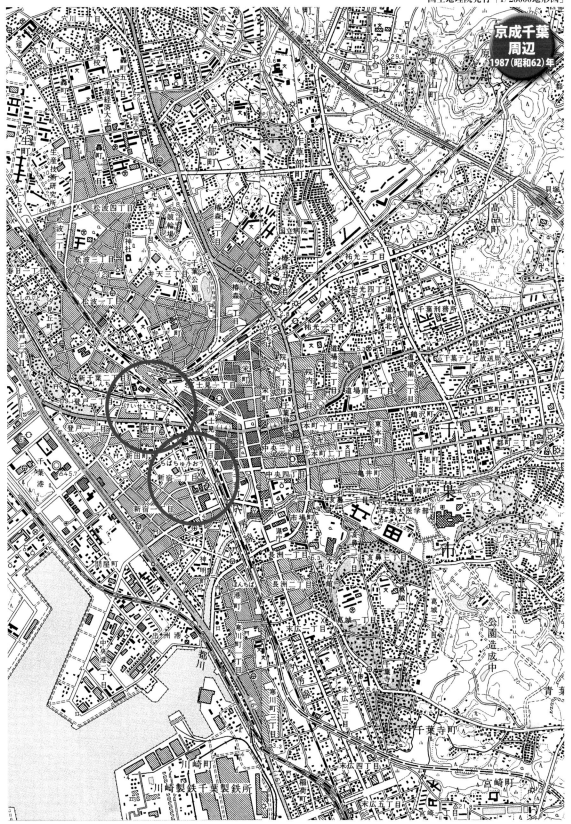

京成千葉
周辺
1987（昭和62）年

**【京成千葉周辺2】**国鉄の京葉線が開通して千葉港（現・千葉みなと）駅などが開業し、都内から千葉市内に至る鉄道が3路線となった。国鉄の千葉駅は現在地に移転して、京成千葉駅とは近距離になっている。かつての駅の場所には1965（昭和40）年、東千葉駅が開業している。

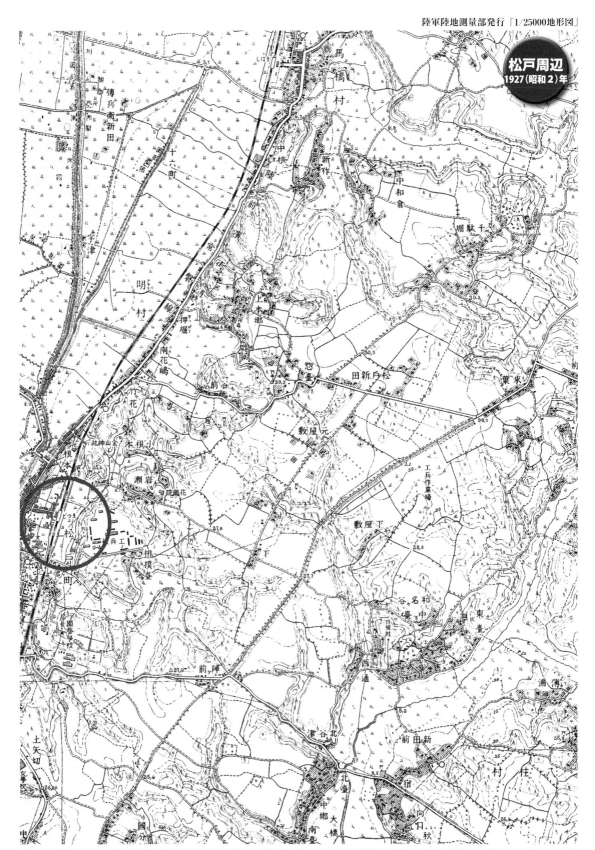

松戸周辺
1927(昭和2)年

【松戸周辺1】常磐線が南北に走る松戸周辺の戦前の地図で、新京成線はまだ開通していない。国道6号(松戸バイパス)も開通しておらず、地図全体に農地が広がっている。松戸駅の南側に見える県立(後に国立)の「(千葉高等)園芸学校」は、現在の「千葉大学」の前身である。

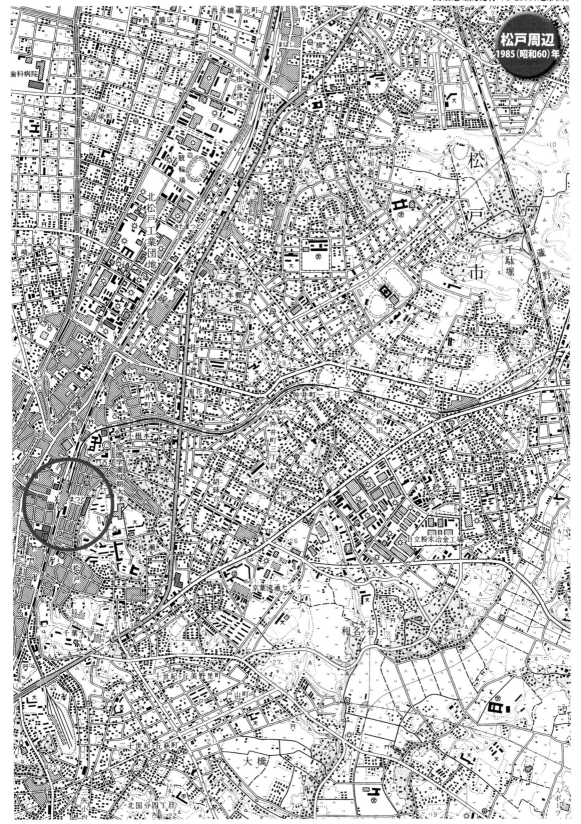

松戸周辺
1985（昭和60）年

【松戸周辺２】市街地が広がり、東京のベッドタウンとなった松戸市の戦後（1985年）の地図。新京成線には、「上本郷」「松戸新田」「みのり台」という駅が置かれている。また、常磐線の北松戸駅附近には「北松戸工業団地」や「（松戸）競輪場」などが誕生している。

初富・西白井
周辺
1921(大正10)年

【初富・西白井周辺1】現在は鎌ヶ谷市になっている鎌ヶ谷村の戦前(1921年)の地図。この2年後(1923年)には、左側を南北に延びる北総鉄道船橋線(現・東武野田線で現在の北総鉄道とは無関係)が開通し、鎌ヶ谷駅が開かれる。一方、戦後には新京成線が開通して初富駅、新鎌ヶ谷駅が開業することになる。

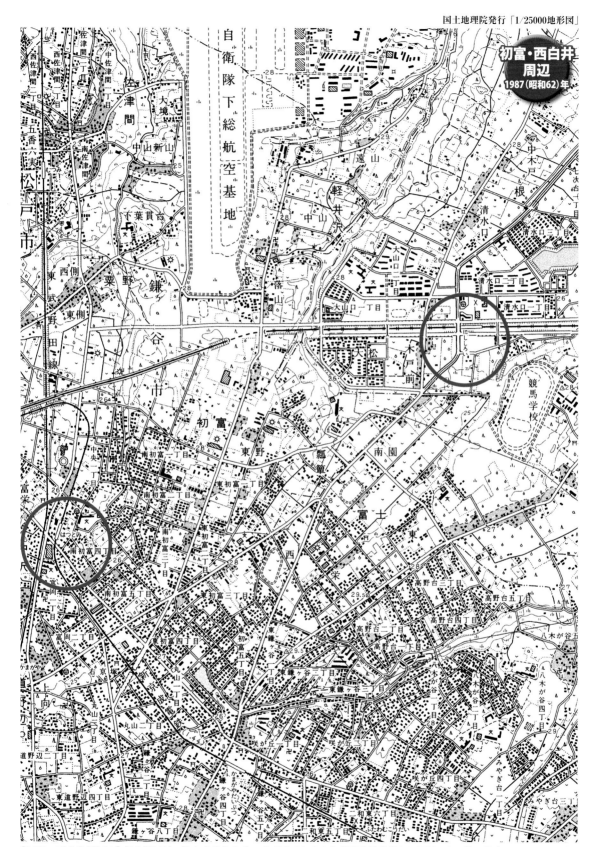

初富・西白井
周辺
1987(昭和62)年

【初富・西白井周辺2】東武野田線、新京成線とともに北総線（当時は北総開発鉄道線）が開通した、鎌ヶ谷市の地図。この後、3線が交わる場所には新鎌ヶ谷駅が開業することになる。船橋市に続く南側には住宅地が誕生しているのに対して、北側は開発が進む前であり「自衛隊下総航空基地」が見える。

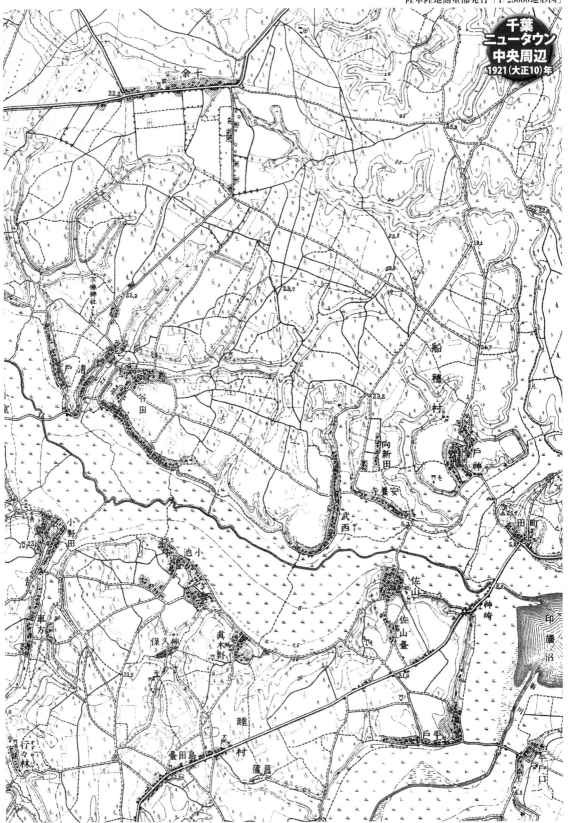

【千葉ニュータウン中央周辺１】右下に印旛沼が見える、約１世紀前（1921年）の船橋町付近の地図である。ここが100年後に現在のような千葉ニュータウンに変わることを誰が予想しただろうか。上側に見える「十余一」は、明治に開墾された11番目の入植地で、現在は白井市の一部。

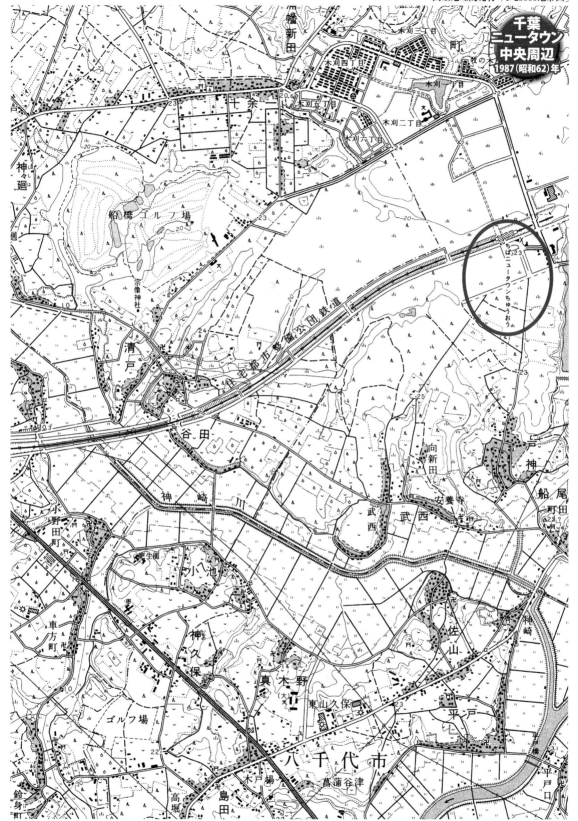

【千葉ニュータウン中央周辺2】住宅都市整備公団鉄道(現・千葉ニュータウン鉄道)が1984(昭和59)年に延伸し、千葉ニュータウン中央駅が開通している。この後、千葉ニュータウンの開発が加速するが、この時期にはまだまだ農地がほとんどだった。左上には「船橋ゴルフ場」がある。

# 新京成電鉄の年表

| 年　代 | 出来事 |
|---|---|
| 1896（明治29）年11月 | 陸軍鉄道大隊（後の鉄道連隊）が発足。 |
| 1918（大正7）年 | 千葉に鉄道第1連隊、津田沼に鉄道第2連隊を設置。 |
| 1929（昭和4）年 | この頃、津田沼と松戸を結ぶ演習線のうち津田沼から現在の滝不動付近までの区間が完成。 |
| 1932（昭和7）年 | この頃、津田沼〜松戸間の演習線が完成。 |
| 1945（昭和20）年8月15日 | 太平洋戦争の終戦により鉄道連隊が解体。 |
| 1946（昭和21）年3月 | 京成電鉄が旧鉄道連隊演習線津田沼〜松戸間の用地使用許可を取得。 |
| 1946（昭和21）年8月8日 | 京成電鉄が下総電鉄の名称で津田沼〜松戸間の地方鉄道敷設免許を取得。 |
| 1946（昭和21）年10月18日 | 下総電鉄創立総会が開催され、社名を新京成電鉄に変更。 |
| 1946（昭和21）年10月23日 | 新京成電鉄が設立。 |
| 1947（昭和22）年12月21日 | 新津田沼（初代）〜薬園台間の工事が完了。12月27日の開業を予定していたが、GHQからのクレームで運輸省は一時営業停止処分を発表。 |
| 1947（昭和22）年12月27日 | 新津田沼（初代）〜薬園台間が軌間1067mmの単線で開業。 |
| 1948（昭和23）年8月26日 | 薬園台〜滝不動間が延伸開業。 |
| 1949（昭和24）年1月8日 | 滝不動〜鎌ケ谷大仏間が延伸開業。 |
| 1949（昭和24）年10月7日 | 鎌ケ谷大仏〜鎌ケ谷初富（現・初富）間が延伸開業。 |
| 1952（昭和27）年9月 | 地方鉄道法施行規則が改正され、軌道から変更された地方鉄道に所属する車両が直通する地方鉄道について、軌間の制限を撤廃。 |
| 1953（昭和28）年9月11日 | 京成津田沼〜新津田沼間の地方鉄道免許を取得。 |
| 1953（昭和28）年10月12日 | 改軌工事に着手し10月21日までに全線の軌間が1372mmに変更。 |
| 1953（昭和28）年11月1日 | 京成津田沼〜新津田沼（2代目）間が開業し、新津田沼〜前原間のルートが変更。 |
| 1953（昭和28）年12月29日 | 鎌ケ谷初富〜松戸間が着工。 |
| 1955（昭和30）年4月1日 | 鎌ケ谷初富駅が初富駅に改称。 |
| 1955（昭和30）年4月21日 | 初富〜松戸間が開業し全通。 |
| 1956（昭和31）年1月31日 | 松戸〜柴又間の鉄道敷設免許を申請。 |
| 1958（昭和33）年4月8日 | 新津田沼（3代目）〜前原間の地方鉄道免許を取得。 |
| 1959（昭和34）年8月8日 | 1435mmへの改軌工事に着手し、8月18日までに完了。 |
| 1960（昭和35）年2月1日 | 金ケ作駅が常盤平駅に改称。 |
| 1961（昭和36）年7月1日 | 新津田沼駅（2代目）が藤崎台駅に改称。 |
| 1961（昭和36）年8月1日 | 高根台団地の造成に合わせて高根公団駅が開業。 |
| 1961（昭和36）年8月23日 | 新津田沼（3代目）〜前原間が支線として開業。京成津田沼〜藤崎台〜前原間も従来通り営業。 |
| 1961（昭和36）年11月25日 | 八柱〜松戸間が複線化。 |
| 1962（昭和37）年7月16日 | 松戸〜柴又間の地方鉄道免許を取得。 |
| 1962（昭和37）年8月21日 | 五香〜八柱間が複線化。 |
| 1963（昭和38）年10月26日 | 前原〜高根公団間が複線化。 |
| 1964（昭和39）年8月12日 | 高根公団〜鎌ケ谷大仏間が複線化。 |
| 1965（昭和40）年6月29日 | くぬぎ山〜五香間が複線化。 |
| 1966（昭和41）年4月11日 | 習志野台団地の造成に合わせて北習志野駅が開業。 |
| 1967（昭和42）年4月8日 | 国鉄津田沼駅東側の鉄道第2連隊材料廠跡地にあった県立千葉工業高校の移転によって、新京成電鉄が跡地を取得。京成津田沼〜前原間の線路改良に着手。 |
| 1967（昭和42）年12月 | 信号の自動化によりタブレットが廃止。 |

| 年　代 | 出来事 |
|---|---|
| 1968（昭和43）年5月15日 | 京成津田沼〜新津田沼（4代目）〜前原間が新ルートで開業。 |
| 1968（昭和43）年12月1日 | 一部の列車で6両編成が運転開始。 |
| 1971（昭和46）年3月30日 | 初めての本格的な自社新造車両800形が運転開始。 |
| 1975（昭和50）年2月7日 | 鎌ケ谷大仏〜くぬぎ山間が複線化し、京成津田沼〜新津田沼間を除く複線化が完了。 |
| 1975（昭和50）年10月30日 | くぬぎ山車両基地が完成。 |
| 1975（昭和50）年11月1日 | 全列車で6両編成が運転開始。 |
| 1977（昭和52）年8月8日 | 本社をくぬぎ山駅前に移転。 |
| 1978（昭和53）年10月2日 | 国鉄武蔵野線の新松戸〜西船橋間が延伸開業し、新八柱駅が開業。八柱駅で新京成線と連絡。 |
| 1979（昭和54）年3月7日 | 自動列車停止装置（ATS）を導入。 |
| 1979（昭和54）年3月9日 | 北総開発鉄道北総線（現・北総鉄道北総線）北初富（現・廃止）〜小室間が開業し、松戸〜北初富〜小室間で相互直通運転を開始。 |
| 1979（昭和54）年4月5日 | くぬぎ山車両検修場が完成。 |
| 1982（昭和57）年10月1日 | 平日朝夕ラッシュ時の一部列車が8両編成化。 |
| 1983（昭和58）年6月1日 | 列車無線の使用を開始。 |
| 1984（昭和59）年3月19日 | 住宅・都市整備公団千葉ニュータウン線（現・北総鉄道北総線）小室〜千葉ニュータウン中央間が開業。相互直通区間を松戸〜千葉ニュータウン中央に拡大。 |
| 1986（昭和61）年2月26日 | VVVFインバータ制御を採用した8800形が運転開始。 |
| 1991（平成3）年3月31日 | 北総開発鉄道北総・公団線（現・北総鉄道北総線）京成高砂〜新鎌ケ谷間が開業。 |
| 1992（平成4）年7月8日 | 新京成線の新鎌ケ谷駅が開業。北総開発鉄道北総・公団線との相互直通運転を廃止。 |
| 1995（平成7）年4月1日 | ストアードフェアシステムが導入され、「SKカード」が発行開始。 |
| 1996（平成8）年4月1日 | 最高速度が時速75キロから85キロに引き上げ。 |
| 1996（平成8）年4月27日 | 東葉高速鉄道が開業し、北習志野駅で新京成線と連絡。 |
| 1999（平成11）年11月25日 | 東武野田線に新鎌ケ谷駅が開業し、新京成線と連絡。 |
| 2000（平成12）年7月29日 | 薬園台駅の駅ビルが開業し、同時に全駅で自動改札機が設置。 |
| 2000（平成12）年10月14日 | 関東圏の共通乗車カードシステム「パスネット」が導入される。 |
| 2002（平成14）年3月4日 | 鎌ケ谷市内の新京成線連続立体交差事業が認可。7月から工事に着手。 |
| 2004（平成16）年2月22日 | 連続立体交差事業の高架化工事に伴い、初富〜北初富間の仮線運行が開始。 |
| 2006（平成18）年12月10日 | 京成千葉線に乗り入れ、松戸〜千葉中央間の直通運転が開始。 |
| 2007（平成19）年3月18日 | ICカード乗車券「PASMO」が導入。 |
| 2007（平成19）年12月1日 | 松戸新田駅と前原駅に遠隔監視システムが導入。 |
| 2010（平成22）年4月1日 | 習志野駅に遠隔監視システムが導入。 |
| 2013（平成25）年2月8日 | 全営業車両がVVVFインバータ制御になる。 |
| 2014（平成26）年9月30日 | 全営業車両が6両編成となる。 |
| 2019（令和元）年12月1日 | 鎌ケ谷大仏〜くぬぎ山間の高架化が完了。 |
| 2019（令和元）年12月27日 | 80000形が営業運転開始。 |

# 北総鉄道の年表

| 年　代 | 出来事 |
|---|---|
| 1966（昭和41）年5月 | 千葉県が北総台地でのニュータウン開発構想を発表。 |
| 1966（昭和41）年7月4日 | 政府閣議で新東京国際空港（現・成田国際空港）の建設予定地を成田市三里塚とし、東京〜新空港間に高速電車の運行が決定。 |
| 1967（昭和42）年11月 | 千葉県がニュータウンアクセス鉄道の調査報告書を作成。都心へのルートとして新京成線との接続、東武鉄道野田線経由での帝都高速度交通営団（現・東京メトロ）東西線との接続など複数案を提示。 |
| 1969（昭和44）年5月 | 計画人口34万人とした千葉ニュータウンの基本計画が決定。 |
| 1971（昭和46）年1月18日 | 成田新幹線東京都〜成田市間の基本計画が決定。 |
| 1971（昭和46）年4月1日 | 成田新幹線の整備計画が決定。 |
| 1971（昭和46）年 | 京成電鉄が千葉ニュータウンのアクセス路線として北総開発鉄道の建設を提案。 |
| 1972（昭和47）年2月10日 | 成田新幹線東京〜成田空港間の工事実施計画が認可。 |
| 1972（昭和47）年2月 | 千葉県の鉄道問題懇談会が、千葉ニュータウンの鉄道整備について基本的な考えを取りまとめ、北総開発鉄道北総線ルートと千葉県営鉄道北千葉線ルートの両方を整備することを決定。 |
| 1972（昭和47）年3月1日 | 運輸大臣諮問機関の都市交通審議会が策定した第15号答申で、北総線ルートの京成高砂〜小室間と、北千葉線ルートの本八幡〜印旛松虫（現・印旛日本医大）間の整備が決定。 |
| 1972（昭和47）年5月10日 | 北総開発鉄道が設立。 |
| 1973（昭和48）年10月4日 | 北総開発鉄道が北総線京成高砂〜小室間、千葉県が北千葉線本八幡〜印旛松虫間の地方鉄道免許をそれぞれ取得。 |
| 1974（昭和49）年2月1日 | 成田新幹線が着工。 |
| 1974（昭和49）年2月 | 北総開発鉄道北総線の第1期線として北初富〜小室間が着工。 |
| 1974（昭和49）年8月28日 | 千葉県により北千葉線小室〜千葉ニュータウン中央間が着工。 |
| 1977（昭和52）年11月28日 | 田村元運輸大臣が成田新幹線に代わる「成田新高速鉄道」の整備を提案。 |
| 1978（昭和53）年4月7日 | 千葉県が北千葉線小室〜印旛松虫間の地方鉄道免許を宅地開発公団に譲渡。 |
| 1978（昭和53）年4月 | 成田新高速鉄道協議会が発足。 |
| 1979（昭和54）年3月9日 | 千葉ニュータウン西白井・小室地区の街開きに合わせ、北総開発鉄道北総線北初富（現・廃止）〜小室間が開業。松戸〜北初富〜小室間で新京成電鉄との相互直通運転が開始。 |
| 1981（昭和56）年5月 | 政府が新東京国際空港アクセス関連高速鉄道調査委員会を設置。 |
| 1981（昭和56）年10月1日 | 宅地開発公団が解散し、新たに誕生した住宅・都市整備公団（現・都市再生機構）が北千葉線小室〜印旛松虫間の鉄道事業を継承。 |
| 1982（昭和57）年5月31日 | 新東京国際空港アクセス関連高速鉄道調査委員会が成田新高速鉄道のルートとしてA〜C案の3案を決定。 |
| 1983（昭和58）年2月 | 北総開発鉄道北総線の第2期線として京成高砂〜新鎌ケ谷間が着工。 |
| 1984（昭和59）年3月19日 | 小室〜千葉ニュータウン中央間が住宅・都市整備公団の千葉ニュータウン線として開業。 |
| 1984（昭和59）年11月1日 | 運輸省（当時）が成田新高速鉄道のルートとして、京成線や北総線などを活用するB案ルートの整備推進を決定。 |
| 1985（昭和60）年7月11日 | 運輸政策審議会が第7号答申を策定し、京成高砂〜小室〜印旛松虫〜成田空港間を2000年までに整備すべき路線に設定。 |
| 1987（昭和62）年4月1日 | 鉄道事業法の施行により、北総開発鉄道は第1種鉄道事業者となる。 |
| 1988（昭和63）年4月1日 | 北総開発鉄道が千葉ニュータウン線の第2種鉄道事業者となり、住宅・都市整備公団が第3種鉄道事業者となる。路線名は、北総線と千葉ニュータウン線を統合して北総・公団線に改称。 |
| 1989（平成1）年3月19日 | 都営新宿線篠崎〜本八幡間が延伸開業し、新宿〜本八幡間が全通。 |
| 1991（平成3）年3月31日 | 北総・公団線京成高砂〜新鎌ケ谷間が延伸開業し、京成線、都営地下鉄浅草線、京急線との相互直通運転が開始。 |
| 1992（平成4）年5月22日 | 北総開発鉄道が北総・公団線千葉ニュータウン中央〜印旛松虫間の第2種鉄道事業免許を、住宅・都市整備公団が第3種鉄道事業免許をそれぞれ取得。 |
| 1992（平成4）年7月8日 | 新京成線と北総・公団線の直通運転が廃止。 |
| 1992（平成4）年11月 | 住宅・都市整備公団が北総・公団線千葉ニュータウン中央〜印旛松虫間を着工。 |

| 年　　　代 | 出来事 |
|---|---|
| 1995（平成7）年4月1日 | 北総・公団線千葉ニュータウン中央～印西牧の原間が延伸開業。 |
| 1999（平成11）年10月1日 | 都市基盤整備公団が発足し、住宅・都市整備公団の業務を継承。 |
| 1999（平成11）年11月25日 | 東武野田線に新鎌ケ谷駅が開業。 |
| 2000（平成12）年1月27日 | 成田新高速鉄道について、運輸政策審議会が第18号答申を策定し、2015年までに開業すべき路線に設定。 |
| 2000（平成12）年7月22日 | 北総開発鉄道北総・公団線印西牧の原～印旛日本医大間が延伸開業し全通。 |
| 2001（平成13）年9月15日 | ダイヤ改正により上り特急が急行格上げで新設される。 |
| 2002（平成14）年3月31日 | 千葉県営鉄道北千葉線本八幡～小室間の第1種鉄道事業免許が失効。 |
| 2002（平成14）年4月25日 | 成田新高速鉄道線（現・成田空港線）の印旛日本医大～成田空港高速鉄道線接続点（成田市土屋）間の建設を行う成田高速鉄道アクセスが発足。 |
| 2002（平成14）年7月5日 | 京成電鉄が成田新高速鉄道線（現・成田空港線）京成高砂～印旛日本医大～成田空港間の第2種鉄道事業の許可を取得。 |
| 2004（平成16）年7月1日 | 都市基盤整備公団が、北総・公団線小室～印旛日本医大間の第3種鉄道事業を京成電鉄全額出資の千葉ニュータウン鉄道に譲渡。社名は、北総開発鉄道から北総鉄道に、路線名は北総・公団線から北総線にそれぞれ改称。 |
| 2010（平成22）年7月17日 | 京成電鉄成田空港線（成田スカイアクセス）京成高砂～成田空港間が開業。北総線区間の運賃を値下げ。 |
| 2013（平成25）年3月1日 | 千葉ニュータウン鉄道9200形が営業運転開始。 |
| 2015（平成27）年12月25日 | ダイヤ改正により、平日夜間及び深夜時間帯に下り特急を設定。 |
| 2017（平成29）年3月20日 | 千葉ニュータウン鉄道9000形さよなら運転及び翌日から9800形の運転が開始。 |
| 2020（令和2）年10月1日 | 平日に「臨時ライナー」をAE形電車で運転開始。運転区間は印旛日本医大発京成上野行き。 |

京成電鉄の年表は本書の上巻に収録しております。

# ICカードの普及に伴い発売が廃止されたパスネット

# まえがき

　成田の新空港は開業したものの、「スカイライナー」の利用客は、大荷物を持ってのバス連絡が嫌われて低迷していた。加えて、通勤輸送も平行する国鉄総武線の複々線化・総武快速線の開業、営団（現・東京メトロ）地下鉄東西線の津田沼乗り入れにより、京成船橋駅での乗客逸走が顕著になり、鉄道事業が欠損となる事態を迎えた。さらに建設反対運動による度重なる成田空港の開港延期により、空港線投資は経営上の大きな負担となり、流通や不動産など関連事業の不振も加わって、京成電鉄は創業以来の"経営危機"に陥った。このため抜本的な経営再建策が執られ、その結果業績は次第に回復し、黒字化、復配、民営鉄道協会への復帰が進んだ。

　こうした苦難の時代を乗り越えて2009年には創業100周年を迎えた。また、成田空港アクセス改善に向けて高速新線の建設が進められ、2010年に念願の「成田アクセス線」が開業、新AE形の登場、北総線の改良と合わせて、名実ともに「日本の玄関成田空港への最速アクセス」となり、新たな飛躍の時代を迎えることなった。

AE100形シティライナー81号（写真左）とAE形モーニングライナー66号のすれ違い風景。
◎東中山～京成中山　2015（平成27）年1月3日

# 第1章
# 京成電鉄の
# 経営再建策

流線型先頭車が特徴のAE100形。都営地下鉄乗り入れが考慮されたが、成田〜羽田間有料特急直結の夢は叶わなかった。
◎京成高砂〜青砥　1992（平成 4 ）年

# 1-01 再建に向けて

経営危機に陥った京成電鉄は、歴史ある「谷津遊園」跡地や津田沼第二工場用地をはじめとした不動産の売却、大規模な人員整理などの再建策を図った。

## 都営線へ優等列車の乗り入れ強化

1964（昭和39）年の１号線新橋～大門間の開通以来、都営線直通の優等列車として朝間に京成佐倉発大門行き、夕方大門発八千代台行きの「通勤準急」各５本が運転開始された。翌年には「通勤急行」に格上げされ、運転区間も京成佐倉発着に変更、さらに1966（昭和41）年11月改正では京成成田に延長、10往復に増強された。1968（昭和43）年５月改正で「通勤特急」に格上げ、また平日の日中と休日の直通列車の運転区間も、従来の京成津田沼から京成大和田に延長され、普通から急行に格上げされた。

## 「スカイライナー」の日暮里停車

1983年「スカイライナー」の日暮里停車を行い、国鉄線との乗り換えの便を図った。

## 「イブニングライナー」運転開始

1984（昭和59）年12月、AE-1形を使用して夕・夜間ラッシュ時に、下り指定席特急「イブニングライナー」の運転を開始した。

## 「モーニングライナー」運転開始

「イブニングライナー」の好評を受けて、1985（昭和60）年10月から朝間ラッシュ時にも上り「モーニングライナー」の運転を開始した。

## 1985年の輸送部門が黒字化

大胆な再建策が奏功して1985（昭和60）年には電車、バスの輸送部門が黒字化し、1990（平成２）年には復配を果たした。

## モハ210・クハ2100形廃車

高性能化、固定編成化され、赤電色に変更されて活躍していたモハ210・クハ2100形（クハ2008を含む）は、1988（昭和63）年３月末に2101・212・211・2102編成を青電色に戻して「さよなら青電」を運転を行ったのちに全車廃車された。これにより有料特急以外の一般用全車両が、3000系以降の地下鉄乗り入れ可能な車両となった。

## 民鉄協に復帰

復配を機に1990（平成２）年４月日本民営鉄道協会に復帰を果たした。

## 千葉急行電鉄線開業

千葉県が建設を進めていた千葉・市原ニュータウンの足として第三セクターの「千葉急行電鉄」が設立され、1990（平成２）年４月１日千葉中央～大森台間が開通し、千葉線との相互直通運転を開始した。

## 一般車の塗色試験車

再建なった会社のイメージアップを図るため、一般車両の塗色変更が計画され、1991（平成３）年12月から1993（平成５）年11月までの間モハ3200形４編成で塗色試験を実施した。3205～3208編成うぐいす色、3209～3212編成ホワイト、3213～321編成スカイブルー、3217～3220編成グレーのベース色に塗装し、青・赤のストライプと組み合わせて、細部を修正しつつ比較検討を重ねた。この結果アクティブシルバーをベースに、ヒューマンレッド、フューチャーブルーのストライプを配した現行の「京成カラー」が決定し、3000系全車が新塗装に変更された。ステンレス車体の3500形・3600形も窓下の帯色を、朱色から赤に変更し、正面と側面窓の上下に青帯を追加した。

## 1-02 省エネ時代のステンレスカー3600形

　省エネルギーが叫ばれる時代となり、界磁チョッパ制御を採用した3600形が登場した。

**3600形**　1982（昭和57）年から1989（平成元）年まで東急車輛、日本車輛、川崎重工で54両が製造された。オールステンレス車体で両端クハの中間にM1・M2を2組挟んだ京成初の6両固定編成、前面は三つ折り、客室窓は幅1,050ミリ×高さ850ミリの一段下降式に、東急車輛製は車体裾の側梁部に張り出しがある。台車はS型ミンデンのFS-513・FS-013、パンタは下枠交差型を初採用しM2車に2基搭載、性能はAE車に準じ、通勤車初の回生ブレーキ併用の界磁チョッパ制御、電気指令式空気ブレーキ、補助電源は静止インバータを採用した。番号は編成ごとに附番され8両化を見越して末尾4・5が欠番となった。1997（平成9）年から8連化に編成替えされて8連6本となる。残ったクハ6両のうち4両をVVVFの電動車化、2両の車体は運転台機器のみ撤去しサハとなった。外観上は2両×3の特異な編成となり、T車2両を抜いた4両で新製車回送の牽引車として使用されることもある。←成田3661（M2c）・3628（M1）-3601（T1）・3698（T2）-3621（M1）3668（M1c）

　2002（平成14）年から2013（平成25）年3月まで3611〜3618編成が芝山鉄道にリースされ帯色を赤・緑に変えて、他車と共通運用されていた。

## 1-03 ターミナル地下乗り入れと二代目「ニュースカイライナー」の登場

　成田空港の利用者が次第に増えるとともに、道路の渋滞もあって"成田は遠い"というイメージが定着し、改善策が迫られた。運輸省（現・国土交通省）は調査委員会を設置して、新高速鉄道建設案を策定し、実現可能な3案のうち都営1号線を延長する「B案ルート」の推進が決定された。

　さらに1988（昭和63）年6月に運輸省は、空港輸送の改善のための暫定措置として、長期間放置されている旧成田新幹線線の施設を利用して、京成とJR東日本の両社が乗り入れる計画を発表した。

　1991（平成3）年にJR東日本と共用で、京成本線経由空港ターミナルビル直下の新しい「成田空港駅」への乗り入れを開始した。

　乗り入れに際してイメージアップと、JRの253系「成田エクスプレス」への対抗策として、空港特急の二代目となるAE100形が製造された。

　印旛日本医大〜成田空港間の「成田新高速鉄道」は、160キロ運転を目指す高速新線で、上下分離方式として2006（平成18）年から「成田高速鉄道アクセス」の手で、2010（平成22）年の完成目指して建設が進められた。

### AE100形

　1990（平成2）年6月の日本車輛、東急車輛で、編成両端をM車とした6M2Tの8両編成7本56両が登場した。初めてVVVFインバータ制御を採用、前頭部は直線状で50度の傾斜角を持ち、先頭車の車体長が1,000ミリ延長され19,500ミリとなった。このため先頭の車幅を絞り、都営線乗り入れを意識して中央裏側に階段を持つ非常扉を装備、ヘッドライトは収納式、側窓は間柱をガラス内面に収めた連窓風、台車はFS-547・FS-047で防音リング付き波打ち一体圧延車輪、2基搭載の冷房装置は連続カバー付き、パンタグラフはM1車に下枠交差型を2基搭載した。

　2001（平成13）年からリニューアル工事が施工された。2010（平成22）年スカイアクセス線開業で新AE形と交代、本線シティライナー用となったが2014（平成26）年11月改正で、土・日運転となり、2015（平成27）年定期運転を終了して廃車された。

## 1-04 通勤車のニューフェイス

### 3700形

　1991（平成3）年3月北総鉄道の二期工事完成による相互直通運転開始に際して、新型通勤車3700形が登場した。一次車は8連3本が製造され、通勤車初のVVVFインバータ制御車、6M2T先頭車Mc車の8両編成、軽量オールステンレス、前面は鋼製の二つ折り、貫通扉を車掌側に寄せた非対称、側窓は2連一体のユニット窓、台車は住友FS-543・FS-043。1994（平成6）年製の二次車2編成にからスカート取付けられた。2000（平成12）年の6次車からマイナーチェンジを行い、前面デザインの変更、シングルアーム式パンタグラフ、座席袖仕切りの大型化、客室貫通扉窓のガラス拡大、初の6連2編成3821〜3831が誕生した。2002（平成14）年の9次車3861〜まで8連15本、6連2本の132両が製造された。

### 3400形

　1993（平成5）年から1995（平成7）年にかけて廃車されたAE-1形の走り装置を流用し鋼製車体を新造して、大榮車輌で6連5本が製造された。3700形の鋼製車版といえる。3700形の前面が横から見て「く」の字型に対し、3400形はフラットなのが相違点だ。

　1993（平成5）年から中間に2両を組み込み8連化された。界磁チョッパ制御だがAEにあった定速制御装置は外された。2003（平成15）年からシングルアーム式パンタグラフに交換された。2002（平成14）年6月から8月までの一時期3408編成が番号そのままで北総鉄道にリースされたが、2021（令和3）年から廃車が始まった。

### 3500形更新車

　1996（平成8）年から3500形に大規模な更新改造工事が施工された。スキンステンレスの車体の骨組み部の補修、窓枠窓柱の撤去・移設、従来725ミリ幅の客室窓をバランサ付きの黒色仕上げの2連大型窓に取替、前面も平面から三つ折りに変更し、ガラス面を拡大、ヘッドライト・テールライトは角型ケースに一体化、スカート取付けなどで、イメージが大きく変わった。また、京急線への乗り入れのため先頭車の台車入れ替え、シングルアーム式パンタグラフへの取替もを行った。当初は全車施工の予定だったが、新造と比較検討の結果、2001（平成13）年までに施工された3501〜3056の56両でこの工事は中止され、以後は新造車とする方針に変更された。

## 3600形完成記念乗車券

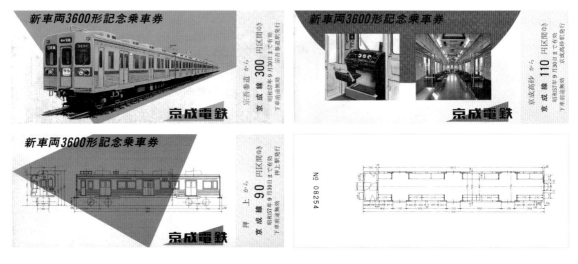

# 1-05 この時代のトピック

## 「嵩高荷物専用電車」の廃止、専用車に変更。

京成線開業以来の長い歴史を持ち「行商電車」として親しまれ、最盛期には4両編成で3往復が運転された専用電車は、利用者の高齢化もあって、のちにモハ704＋モハ1601＋クハ2203の3連となり、最後はモハ3121＋3122の2連で運転されていた。1982（昭和57）年3月12日をもって専用電車の運転は廃止され、翌日から上り列車2本の最後部の各1両が専用車両となった。

## 京急からリース車 デハ1000形1029〜032、1037〜1040

冷房化率向上と3000系冷房改造工事中の車両不足を補うため1988（昭和63）年に京急車両工業よりリース。車体側面のKHKマークをKeiseiに、前面貫通扉に種別表示入れ取付けの小改造で、塗色は京急色の赤のままで運用された。4連の普通列車のほか、8両編成で特急や通勤特急にも使用され、京急線にも乗り入れた。1037編成は1991（平成3）年11月に返却されたが、1029編成は1992（平成4）年4月に千葉急行電鉄の開業時に賃貸され、ブルーに白帯の塗色で使用された。相互直通運転のため、京成線内で2色のデハ1000形が見られた。

## 都営乗り入れ車の第2世代、5300形

非冷房だった5000形置き替え用として1990（平成2）年から1997（平成9）年の間、7次にわたり、日立製作所、川重重工、日本車輌、近畿車輌で8連27本、216両が製造

された。4M4Tで主電動機は180キロワット、台車はKD-302・KD-302A、5次車5315からスカートが大型化された。2020（令和2）年の東京オリンピック・パラリンピックを前に2018（平成30）年から5500形により置き替えが開始されている。

## 本線系統の「急行」廃止、「通勤特急」「快速」の復活

2002（平成14）年10月改正で「急行」は押上線のみとなり、「通勤特急」を朝上り京成上野方向へ5本、夜間都営線方向から下り6本を運転。日中時間帯に「急行」より上位の「快速」の運転を開始した。

2004（平成16）年のダイヤ改正

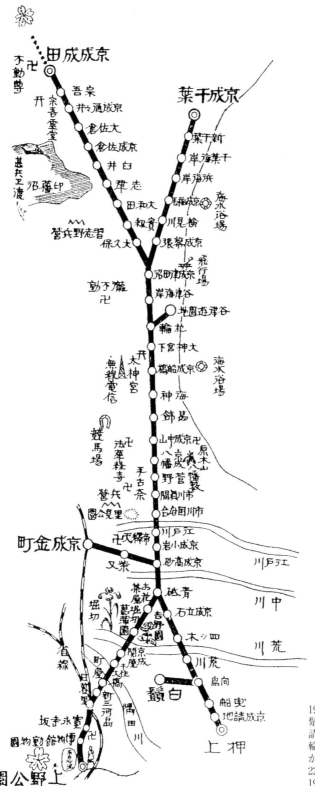

# 京成電車線路圖

1933（昭和8）年頃の路線図である。廃止路線の白鬚線や谷津支線、廃止駅となった寛永寺坂、京成請地、向島、駅名改称前の葛飾（現・京成西船）花輪（現・船橋競馬場）、浜海岸（現・みどり台）などが載っている。1934（昭和9）年開業・1947（昭和22）年廃止の道灌山通駅（日暮里～新三河島間）と1935（昭和10）年開業・1947（昭和22）年廃止の西千住駅（町屋～千住大橋間）は未記載であった。
◎京成電鉄創立100周年記念 全駅記念乗車券より

# 第2章
# 京成電鉄の
# 写真記録Ⅰ

3000系で最初に両開き扉を採用した3200形は、3300形とともに一時期の京成の代表車だった。
◎京成八幡〜菅野　2005（平成17）年6月6日

# 塗色試験車

3209-3212編成はホワイトベースに塗られた。◎京成八幡〜菅野　1992(平成4)年5月19日

赤帯の下に青の帯が追加され、前面の赤帯が側面まで回り込んだ車両。◎東中山　1993(平成5)年1月30日

3205-3208編成は、あまり例の無いうぐいす色に塗装された。◎京成高砂　1993（平成5）年3月6日

特急運用についたうぐいす色の3208＋ホワイトの3212編成が通過中で、待避中のファイアオレンジ色の車両と合わせて3色が見られる。◎東中山　1992（平成4）年5月12日

3217-3220編成は、グレーベースに赤・青ラインの塗装となっていた。◎東中山　1993（平成5）年2月20日

ホワイトの3212編成はブラックフェイスに変身した。3700形へのテストだろうか。◎京成八幡　1993（平成5）年5月1日

3213-3216編成はスカイブルーとなった。AE100形由来の赤と青の帯である。
◎京成高砂
1992（平成4）年1月1日

# 決定した
# 新塗色車

新塗色をまとって特急成田空港行きの
運用につくモハ3261。明るい塗色は新
生した京成を表すようだ。
◎大佐倉〜京成酒々井
1997（平成9）年6月30日

試行錯誤の結果、採用された新塗色のモハ3225。ステンレスの帯は廃止された。◎京成津田沼　2005（平成17）年5月29日

新塗色のアクティブシルバーに、ヒューマンレッド、フューチャーブルーのストライプを配した現行の「京成カラー」のモハ3226。◎京成津田沼　2005（平成17）年5月29日

# クロスシート試作車

モハ3312〜3316を使って各種配置のクロスシートが試作された。試作編成にはクロスシート車の表示がドアわきに貼付された。◎市川真間　1994（平成6）年2月20日

クロスシート試作車3316の車内、4両に4種類の座席配置が試行されたが、採用されなかった。
◎市川真間　1994（平成6）年2月20日

# 懐景写真

津田沼車庫に並んだ車両群。左から青電2100形、
赤電3200形、ステンレス車の3500形、荷電モニ21。
◎津田沼車庫　1975（昭和50）年頃

菅野〜京成八幡間にあった旧京成労働会館の
壁画。団結を象徴する連結器や諸機材が描か
れていたが、惜しくも解体されてしまった。
◎1977（昭和52）年5月

# 3600形

搬入直後の3600形、ステンレスの第2作で、スタイルも洗練された。
◎高砂車庫
1982（昭和57）年6月23日

静かな住宅地を走る3600形のトップナンバーの普通列車京成大和田行き。登場時は帯色がファイアオレンジだった。
◎市川真間〜菅野　1983（昭和58）年11月7日

3600形の第1編成3608ほかが高砂車庫に搬入された。◎高砂車庫　1982（昭和57）年 6 月23日

8両編成時代の3668、この編成は組み換えで改造され 6両の変則編成になった。◎京成高砂　1992（平成 4 ）年 1 月25日

8両編成化された3600形は、主に特急運用に使用された。写真は3681先頭の成田空港行。
◎菅野〜京成八幡　2008（平成20）年5月6日

架け替えられた江戸川新橋梁を渡る成田空港行き特急列車3641。◎江戸川〜国府台　2018（平成30）年4月20日

8両編成化で余った6両は、両端モハの変則編成となった。最後部3668の普通京成臼井行き。
◎青砥　2005（平成17）年8月17日

先頭クハからモハに変更された変則6両編成。中間サハの乗務員ドアはそのままで2両×3組のように見える。
◎京成高砂　2001（平成13）年6月3日

# AE100形

AE-1形と並ぶAE100形。AE100形は地下線乗り入れを考慮して非常用貫通扉が設置された。
◎宗吾車両基地　1990（平成2）年7月

AE100 形は前頭部直線状の傾斜を持つ流線型。前照灯は収納式となった。◎宗吾車両基地　1990（平成２）年７月

京成高砂駅に進入するAE107先頭の「スカイライナー」。　◎京成高砂　2008（平成20）年５月

広々とした田園風景の中を快走する「スカイライナー」。
◎大佐倉〜京成酒々井
1998（平成10）年６月１日

100周年記念マークも誇らし気なAE141 先頭の「スカイライナー」。
◎菅野〜京成八幡
2009（平成21）年８月29日

さよならマークを付けたAE100形記念ツアー列車は、八広発の特別ルートで運転された。
◎菅野〜京成八幡
2016（平成28）年２月28日

# 3700形

成田空港・羽田空港直結のマークを付けた急行の京成成田行き。◎大佐倉　1998（平成10）年11月18日

前面が非対称の3700形。AE100形に続いてVVVFインバータ制御方式を採用し、走行系機器もAE100形と共通であった。
◎大佐倉〜京成酒々井　1998（平成10）年6月1日

成田空港・羽田空港駅直結10周年記念ヘッドマークを掲出した3771が住宅街を走行中。
◎菅野〜京成八幡　2008（平成20）年11月

3700形1次車は下枠交差型の
パンタグラフを搭載、8両固
定編成で登場した。
◎京成高砂
1991(平成3)年3月29日

1991(平成3)年から製造され
た3700形は132両が製造され、
3800代に及んだ。6両編成の
3827のサイドビュー。
◎宗吾車両基地
2011(平成23)年2月19日

2面4線の京成高砂駅ホーム
(他に金町線専用ホームあり)
には多種多様な車両で賑わ
う。手前から京成3700形、京
成3400形、都営5300形。
◎京成高砂
2015(平成27)年8月8日

3700形1次車はスカートが未整備で、後に標準タイプのスカートが付けられた。写真の列車の急行の種別も行先の東成田も現在は設定がない。◎東中山　1993（平成5）年

東中山に停車中の3700形急行と、待避する3400形普通列車。3700形の前面が「く」の字型に対し、3400形が垂直なのがよくわかる。◎東中山　1993（平成5）年3月6日

3700形は2次車からスカートが取り付けられたが、その形は六角形タイプで現在の形と異なっていた。
◎菅野～京成八幡　1995（平成7）年1月1日

3700形は6次車からマイナーチェンジを行い前面デザインが変更され、6両編成も2本製造された。
◎市川真間～菅野　2001（平成13）年2月

# 3400形

大佐倉から築堤を下ると広々とした水田地帯となる。宗吾車両基地に向かう回送列車3411。
◎大佐倉—京成酒々井　1998（平成10）6月1日

3400形は登場時にはスカート未装備だった。◎菅野～京成八幡　1993（平成5）年3月6日

AE-1形の電機品・走行機器を再用して車体を新製した3400形は、京成最後の鋼製車となった。
◎青砥　2009（平成21）年11月28日

# 3500形更新車

千葉中央駅に並んだ3500形、未更新車3589と更新車3521、前面の変化がよく判る。◎千葉中央　1998（平成10）年

緑の広がる田園地帯を成田に向かう急
行列車のモハ3516。
◎大佐倉～京成酒々井
1998（平成10）年6月1日

佐倉行きの快速列車。当時、行先表示は上野、大和田、佐倉、成田など冠の京成を省略していたが、現在は京成上野や京成成
田など正式な駅名で行先表示をしている。また、臼井行きは「うすい」とひらがなで表記していたが、現在は「京成臼井」
と漢字の表記に変更された。◎菅野～京成八幡　2008（平成20）年5月1日

3500形は更新工事によって近代的なスタイルに生まれ変わった。モハ3537が終点の京成高砂に到着。
◎京成高砂　2002（平成14）年３月28日

大手私鉄間の車両リースは珍しいケースで、優等列車での使用例は見当たらない。
◎京成八幡〜菅野　1989（平成元）年6月3日

# 京急からのリース車

特急運用に就いて東中山駅を通過するモハ1029ほか。
◎東中山　1990（平成2）年7月28日

通勤特急西馬込行きは都心に急ぐ。◎京成八幡〜菅野　1989（平成元）年6月3日

# 【懐かしの記念乗車券】

## さよなら3298記念乗車券

## スカイライナー運転記念乗車券

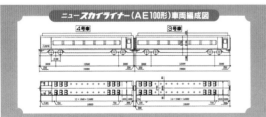

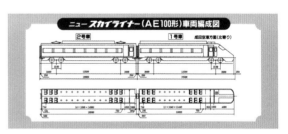

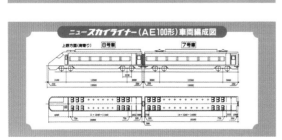

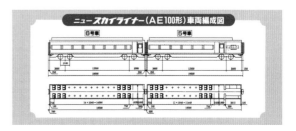

# 第3章
# 新たな飛躍に向けて

羽田空港発一番列車の到着式。◎成田空港　1998（平成10）年11月18日

## 3-01 空港ビル直下に乗り入れ開始

　建設反対運動で挫折した「成田新幹線」用の駅施設は空港ビル地下に長期にわたって放置されていた。空港アクセスの改善を目指して、第三セクターの成田空港高速鉄道株式会社が、旧成田新幹線の施設を活用して路線を建設し、1991（平成3）年3月19日から空港ターミナルの地下に整備された「成田空港駅」に、京成とJR東日本がそれぞれ単線で乗り入れを開始した。京成は本線経由の暫定だったが、これにより空港アクセスは飛躍的に改善された。新駅設置に伴い従来の京成の「成田空港駅」は、「東成田駅」に改称された。

　2021（令和3）年3月には「30周年記念行事」として、京成とJR東日本がタイアップして記念グッズが販売された。

## 3-02 北総線2期工事完成

　沿線住民の反対運動で大幅に遅れていた北総線2期工事は、1991（平成3）年3月31日に新鎌ヶ谷～京成高砂間が開通し、北総線の全列車が京成押上線・都営浅草線・京急線に乗り入れを開始し、全国初の4社局（都営・京成・京急・北総）の相互直通運転が開始された。これに伴い1970年代に運転された不定期特急以来となる、京成車両の京急線乗り入れが再開された。

### 北総の車両

　北総鉄道の車両の増備は、京成3700形と同型の7300形を増備したほか、京成、京急からのリースや譲渡車で賄う時代が続いた。2期工事の完成後は、特急運転の開始や利便性の向上で、業績も次第に向上している。

**7250形**　7251～7258（←京成モハ3233～3236・3221～3224）、7261～7268（←モハ3305～3308・3313～3316）

**7300形**　7301～7308、7311～7318　京成モハ3700形と同一設計の自社発注車

**7800形**　京成3700形のリース車。7801～7808（←京成モハ3801～3808）、7811～7818（←京成モハ3741～3748）、7821～7828（←京成モハ3771～3778）

### 住都公団の車両

　住宅・都市整備公団は、都市基盤整備公団を経て2004（平成16）年7月都市再生機構に改組された。この際、所有する鉄道施設と車両は、千葉ニュータウン鉄道株式会社に譲渡された。

**9100形「C-flyer」**

　9101～9108, 9111～9118、二次車9121～9128

　1995（平成7）年、2000（平成12）年日本車輌製、軽量ステンレス、性能は京成3700形・北総7300形と同一スペック、前頭部は三次元曲線の流線形、沿線に多い鳥「オナガ」をイメージした塗装デザインを採用した。一部に固定クロスシートを設置しこの部分のドアを黄色に、車いすスペース部分を青色に塗装した。また当初は公衆電話が設置されていた。

**9200形**

　9201～9208（←元京成モハ3731～3738）

　2017（平成29）年9018編成廃車の代替としてリース、青帯に黄色帯が追加された。

## 3-03 千葉急行電鉄開業

　千葉県が建設を進めていた千葉・市原ニュータウンの足として第三セクターが設立された。小湊鐵道が保有していた本千葉〜海士有木間の免許を譲り受けて、1992（平成4）年4月に第1期区間の開業の千葉中央〜大森台間4.2キロが開業し、京成千葉線と相互直通運転を開始した。これにより、4社局の相互直通運転は5社局になった。車両は京急と京成からの譲受車（元京成のリース車）で賄われ、番号はそのままで塗色をブルーに白帯に変更して使用された。

　1029〜1032（旧京急デハ1029〜1032の再リース）、1994（平成6）年1月に3071〜3074（旧京成車、番号変更なし）が増備された。

### 千葉急行線第2期工事完成

　1995（平成7）年4月大森台〜ちはら台間6.7キロが延伸開業した。第2期工事ちはら台延伸開業後は、住宅需要が低迷し旅客需要は伸び悩んだ。このため同社は1994（平成6）年度に債務超過に陥り、1998（平成10）年に解散するはめとなった。延伸時に京成からのリースで3067〜3070（旧京成車）が導入された。1996（平成8）年以降には3050形の老朽取り替えのため、京成の3100形・3150形がリースで導入された。

　1996年1月にはモハ3125〜3128、同年4月モハ3121・3122、3157・3158。

　1997（平成9）年6月にモハ3151〜3154、3161・3162が導入された。塗色は京成標準色のアクティブシルバーのベースに、赤・青の帯色の上下が京成と逆の配色となった。なお、アンダーラインの車両は、1998（平成10）年3月末に千葉急行の解散により、再度京成電鉄に復帰した車両である。

## 3-04 千葉急行が京成千原線に

　1998（平成10）年9月30日をもって千葉急行電鉄が解散し、翌10月1日より「京成千原線」となった。

## 3-05 東葉高速鉄道開業と京成のダイヤ改正

　1996（平成8）年4月27日に東葉高速鉄道の東葉勝田台〜西船橋間が開業した。京成も出資する第三セクターの同社は、西船橋で営団地下鉄（現・東京メトロ）東西線と相互直通運転を開始し、新たな競合路線が誕生したことで、乗客の逸走が懸念された。このためユーカリが丘駅に追い抜き設備を新設して、同年7月20日にダイヤ改正を行い、通勤特急の勝田台〜日本橋間の所要時間を最大5分30秒短縮し、56分と東葉高速経由と同時刻を実現した。また従来の京成大和田折り返し列車を京成臼井に延長した。

## 3-06 京急「羽田空港駅」開業・両空港間直結特急の運転

1998（1998）年11月18日に羽田空港の第1・第2両ターミナルビルの中間地下に京急「羽田空港駅」が開業した。同時に浅草線内を急行運転する羽田・成田両空港を結ぶ特急列車「エアポート快特」の運転が開始された 。この時のダイヤでは、運用の都合から京急車と都営車が京成上野にも乗り入れる列車としても運用されて注目された。

京急600形に貼られた「羽田・成田直結10周年記念号」と大きく描かれた記念シール。
◎鮫洲　2008（平成20）年11月26日

## 3-07 先進技術を先取りした新京成電鉄8800形

8000系に続く新造車8800形は、新開発の先進技術を積極的に取り入れた意欲的な車両となり、全国の鉄道事業者の注目を浴びた。

### 8800形（8801～8896）

1986（昭和61）年の日本車輌製の8800形はモハ・クハ・サハの車種にかかわらず、編成ごと通し番号となった。サハ2両を挟んだ4M4Tの8両固定編成、全国の高速電車で初の1,500ボルトのVVVF車で、1C4M制御器、135キロワット交流誘導電動機、補助電源装置、コンプレッサー等の補助電源の交流化、WN駆動の車体直結式空気ばね台車、全電気指令式ブレーキ、防音リング付き波打一体圧延車輪などの先端技術を採用した。2014（平成26）年に全車

6連化に際して改番が行われ、8801-1～8801-8 8816-1～8816-8（中間の-4、-5は欠番）となった。

### 8900形
### 8911～8918、8921～8928、
### 8931～8938

1993（平成5）年・1996（平成8）年日本車輌製。新京成初のステンレス車、1500ミリのワイドドア、ボルスタレス台車SS134，SS034、1,500ボルト車で初のシングルアームパングラフ、T形ワンハンドルマスコン、新京成を象徴するSをデザインした塗装が採用された。8両固定で3編成が製造されたが、6連化で8914・8915，8924・8925，8934・8935が廃車された。

## 3-08 芝山鉄道が開業

2002（平成14）年10月27日　東成田～芝山千代田間2,2キロと、我が国最短の鉄道が開業した。空港建設時の地元への条件の一つだった。車両は京成からのリース車を使用し、京成車と共通運用されている。

開業時は3600形3618編成がリースされ、帯色を緑に変えて2013（平成25）年3月まで使用されたが、現在は3500形3540編成が帯色は変更せず前面上部にマークのみ記入して使用されている。

# 3-09 京成グループ「新標準車」の登場

さらなる省エネルギー性と快適性を求めて、環境に配慮した新時代の標準車となる車両の導入が進んだ。同一基本設計車がグループ会社の新京成電鉄・北総鉄道にも登場した。

## 京成新3000形（2代目3000形）

環境と省エネを目指して3700形から大幅モデルチェンジされた。2003（平成15）年2月から2018（平成30）年まで14次にわたって326両が製造された。3001-1～3001-8と編成ごとの附番方式が変更された。メーカーは日本車輌、東急車輌、8次車以降は総合車両製作所が加わった。日本車輌製はTDカルダン・東洋の主電動機、東急車輌と総合車両製作所はWN・三菱電機の主電動機の組合せ、1C4M方式VVVFインバータ制御、T形ワンハンドル制御器、車体は軽量化と使用電力の減少を目指して、日本車輌が開発したブロック方式の軽量ステンレス製で前頭部は鋼製。台車は住友FS-564・FS-054、6連29本、8連19本（7次車3050形6本を含む）を組む。

## 新京成800形
## （N811～818（4.5欠番）
## ～N851～858（同））

2005（平成17）年5月から6連5本が日本車輌で製造された。N811～N818（4・5欠番）から851～858（同）、当初の塗色はベージュにマルーン帯で、細帯4本は沿線の松戸、鎌ヶ谷、船橋、習志野の4市を、白は清潔な新京成をイメージしていた。コーポレートカラーの「キャンディピンク」の決定で全車が塗色変更された。

## 北総7500形
## （7501-1～7501-8、7502-1～7502-8、
## 7503-1～7503-8）

2006（平成18）年2月に日本車輌で6M2T8連3本が製造された。帯色はブルー。

## 千葉ニュータウン鉄道9200形
## （9200-1～9200-8）

北総7500形と同形2013（平成25）年製。6M2T、8両編成1本、日本車輌製、VVVF、界磁チョッパ、TDカルダン、外装は青帯に黄色帯が追加された。

# 3-10 「北総鉄道」に社名変更

2004（平成16）年7月1日「北総開発鉄道」から「北総鉄道」に社名が変更された。同日に「都市基盤整備公団」が「独立行政法人都市再生機構」に移行、小室～印旛日本医大間12,5キロの鉄道事業が「千葉ニュータウン鉄道株式会社」の所有となり、北総鉄道は第二種鉄道事業者となった。これにより線名を従来の「北総・公団線」から「北総線」に名称変更した。

# 3-11 北総鉄道「印旛車両基地」完成

2000（平成12）年7月の印西牧の原～印旛日本医大開業時に設置された。従来白井にあった検修基地を移転し、北総鉄道、千葉ニュータウン鉄道の全車両を収容する。なお全般検査は京成電鉄の宗吾車両基地で行っている。

## 3-12 京急の乗り入れ車も新世代に

京急電鉄の乗り入れ列車は、相直開始以来のデハ1000形（初代）の廃車が進み、後継のデハ600形（二代目）、デハ1000形（二代目）と交代した。

### 新デハ600形

3扉オールクロスシートで、一部座席が収納式という意欲作だったが、地下鉄線内での混雑緩和のため、車端部を除いてロングシートに改造された。

### 新デハ1000形

3扉ロングシートで5次車までは、アルミ製車体で車端部は固定クロスシートを装備、6次車から16次車まではステンレス製車体でオールロングシート、塗装は省略され部分的にカラーテープの貼付となった。17次車以降はステンレス製車体だが、再び全面塗装となった。

なお、ダイヤ混乱時等には1500形の乗り入れもある。

## 3-13 博物館動物園駅の廃止

「博物館動物園駅」は、上野線開通時に用地が皇室財産の地区にあったため、それにふさわしい建物として、国会議事堂似の石造建築として建築された。しかしホーム長が4両分弱と短いため、長編成列車の増加で通過列車が増えたことと、利用者の減少もあって、1997（平成9）年4月から営業を休止し、2004（平成16）年4月に同駅は廃止されたが、2018（平成30）年4月に都の歴史的建造物に指定された。これを機に建物内部が整備され、東京藝術大学と共同で地域イベントなどが行われている。

## 3-14 都営10号線の本八幡開業

1989（平成元）年3月には都営10号線（現・新宿線）が千葉県に乗り入れ本八幡まで開業した。10号線は京王線との相互直通運転をしており、京成八幡駅と連絡して都心横断の新たなルートが誕生した。

## 3-15 営団半蔵門線の押上開業

2003（平成15）年3月に営団11号線（現・東京地下鉄半蔵門線）の水天宮〜押上間の開通で、押上駅で同線と接続した。半蔵門線は渋谷で東急田園都市線、押上で東武伊勢崎線・日光線と相互直通運転を行なう長大路線で、都営新宿線に次ぐ新ルートの誕生となった。

# 第4章
# 会社創立100周年

豊かな緑の中、直線を快走するスカイライナーは北総台地を貫く。
◎小室〜千葉ニュータウン中央　2010（平成22）年7月17日

# 創立100周年に迎え、新たな飛躍に向けて

京成電鉄は2009（平成21）年に創業100年を迎えることになった。成田空港へのアクセスが、計画のBルートに決定し、挫折した「成田新幹線」の設備を活用した新線の建設が進められれいた。同時に関連する北総線の130キロ運転に向けての整備、「日暮里駅」のターミナル機能への大改修、「センター競馬場駅」（現・船競馬場駅）の追い抜き設備の新設などが、新たな飛躍に向けて進められた。

## 京成船橋駅高架化完成

永年の懸案だった高架化工事が2006（平成18）年11月25日に完成し、「スカイライナー」の京成船橋停車が開始された。

## 日暮里駅大改修工事の完成

狭隘な島式ホーム1面が問題だった「日暮里駅」の大改良工事が行われ、2010（平成22）年10月に完成した。3階建てに重層化され、スカイライナー利用者の専用ホームも新設されて、ターミナルとしての利便性が飛躍的に向上した。

## 京成高砂駅金町線分離工事

成田アクセス線の開業で列車本数が増加し、高砂1号踏切の遮断時間がさらに拡大することから、金町線を分離・高架化して専用ホームを建設し、折り返し運転することとした。

## 押上線連続立体化・荒川橋梁架け替え事業

押上線は都営浅草線・京浜急行線と直通運転を行い、成田スカイアクセス線開業後は、成田・羽田の両空港を結ぶ幹線鉄道としての重要性を増している。同線は荒川橋梁を挟んで、墨田区内と葛飾区内の両区間があり、多数の踏切を持っていたこの区間の交通事情改善のため、両区間の連続立体化時事業が計画され、併せて桁下空間が狭く船舶の衝突など、問題だった「荒川橋梁」と隣接する「綾瀬川橋梁」の架け替え工事が実施された。橋梁架け替え工事は1991（平成3）年に着工し、2002（平成14）年に完成した。墨田区内の事業も八広駅（荒川駅からの改称）

の2面2線から、2面3線の追い抜き設備新設を含む改良工事が1999（平成11）年に完成し、朝間は上り、夕・夜間は下り列車の追い抜きが開始された。また「京成曳舟駅」の高架化と、周辺街区整備も完了した。引き続き葛飾区内の四ツ木～青砥間の連続立体化事業は、用地買収と仮線建設が進んでいる。

## リバイバル「開運号」運転

2007（平成19）年1月にモハ3295編成の塗色を「赤電色」に復元して運転した。終了後に3200形は全廃された。

## スカイライナー「創立100周年記念号」の運転

2009（平成21）年4月からAE100形にステッカーを貼付して運転された。

## 3300形に3種のリバイバルカラー

創立100周年記念行事の一環として、2009（平成21）年5月からモハ3356編成を青電色に塗装、続いてモハ3345編成を赤電色，モハ3312編成をファイアオレンジ色に復元した3編成が運転された。2013（平成25）年3月20日の特急「さよなら赤電」号の運転をもって終了した。

2009年6月30日に「創立100周年」式典を挙行した。コンサートなどの記念行事が行われた。

## 4-02 新京成の新たな動き

### 京成千葉線へ片乗り入れ開始

　幕張新都心と県都千葉へのアクセス改善を図るため、2006（平成18）年12月に6両編成列車によって京成千葉線の「千葉中央駅」までの片乗り入れを開始した。20分間隔で運転し、日中の千葉線内は京成車と新京成車の交互運転で10分間隔運転となった。

### 全車がVVVF車に

　800形の廃車により2013年には全車両がVVVF車となった。

### 新コーポレートカラーと新マークの制定、

　2014（平成26）年に新しいコーポレートカラーとして「キャンディピンク」と「新マーク」を制定。車体色の変更が行われた。

## 4-03 成田空港へ最速の新ルート、成田新高速鉄道（成田スカイアクセス線）が開業

### 「成田スカイアクセス線」開業

　2010（平成22）年7月17日に成田空港への乗り入れ計画案の「Bルート」が実現した。小室〜印旛日本医大は「千葉ニュータウン鉄道」となっていたが、印旛日本医大〜成田空港高速鉄道線接続点まで10.4キロは「成田高速鉄道アクセス」線が建設された。「上下分離方式」が採用され、列車運行は京成電鉄と北総鉄道が、第二種鉄道事業として当たることとなった。北総線内の線路整備、追い抜き設備の新設が行われた。これにより京成高砂〜印旛日本医大間は最高速度が130キロに引き上げられ、印旛日本医大以東の新線区間では、我が国在来線で最高速の160キロ運転が開始され、日暮里〜空港第2ビル間36分運転が実現した。また「成田湯川駅」が新設され、同駅に設置のポイントは新幹線規格の高速仕様が使用されている。JR東日本の「成田エクスプレス」の増強と合わせて、成田空港の鉄道アクセスは飛躍的に向上した。新路線の愛称は公募により「成田スカイアクセス」に決定した。

## 4-04 新AE形の登場

### 新AE形

　2009（平成21）年5月に三代目スカイライナーが登場した。車体形状は「疾風」をイメージ、デザインは山本寛斎氏の監修、アルミダブルスキン構造、先頭車は非貫通の流線形、塗色は我が国の伝統色である紺をメタリックとした「ウィンドブルー」と「ストリームホワイト」の塗分け。車内デザインは「凛」のコンセプトで透明感・清涼感を強調したデザインとされた。6M2Tの8連8本が日本車輌、東急車輛で製造され、2020（令和2）年に増発のためさらに1本が増備された。

　AE1-1 〜 AE1-8、AE2-1 〜 AE2-8、AE3-1 〜 AE3-8、AE4-1 〜 AE4-8 、AE5-1 〜 AE5-8、AE6-1 〜 AE6-8 、AE7-1 〜 AE7-8、AE8-1 〜 AE8-8、AE9-1 〜 AE9-9 の72両, AE9編成は2019（平成31）年の増備車。

　車体はアルミ合金押し型材のダブルスキン構造、京成初のボルスタレス台車、全軸へのディスクブレーキ、フルアクティブサスペンションを備え高速運転に

備えた。制御装置は２レベル方式のVVVF装置を、M１c,M１',M１車に１C４M方式を２群ずつ搭載し、事故時には１群を解放可能として冗長性を高めている。

## 160㌔運転で「成田エクスプレス」と対抗

　北総線の改良工事の完成で同線内は時速130キロ、以東の新線区間では在来線最速の160キロ運転が開始された。JR東日本が首都圏各地のターミナル発としての利点と、新製車E259系使用の「成田エクスプレス」に対抗して、日暮里～空港第２ビル間最速36分運転を行っている。2019（平成31）年からはAE形１編成を増備して、「スカイライナー」の増発を行い20分間隔運転時間帯の拡大を行った。

## AE車にブルーリボン賞

　2011（平成23）年鉄道友の会「ブルーリボン賞」を受賞、記念シールを貼付して運転された。

# 4-05　成田・羽田両空港を結ぶ「アクセス特急」

## アクセス特急

　成田アクセス線を経由して、京急線羽田空港発と、京成上野発の成田空港行き特急列車が新設され、120キロ運転を開始した。この列車は都営地下鉄浅草線内も通過運転を行う。

## 二代目3050形（3000形７次車）

　スカイアクセス線用の3000形50番代６編成を増備。3051-1 ～ 3051-8、3056-1 ～ 3056-8

　2010（平成22）年日本車輌製、VVVF制御装置をAE形と同様に１C４M方式を２群搭載し、故障時に１群開放を可能とした。空気圧縮機はスクロール式を採用した。スカイアクセス線用に内・外装デザインを変更し、空をイメージしてブルーを基調色とし、前面・側面のフィルムをブルーに、航空機をイメージしたマークを各所に配した。2019（令和元）年の3100形の登場に合わせて外装を、アクセス線のラインカラーであるオレンジ色に変更した。2019（平成31）年から3100形の新製に合わせて、同数の編成が本線運用に転用され、京成一般色に変更されている。

## AE 100形「シティライナー」

　「スカイライナー」の座を降りたAE100形は、本線の有料特急に転用され、「シティライナー」が設定されたが、利用者が少ないことから減便され、さらに定期のシティライナーも臨時列車化ののちに廃車された。現在はAE形による年末・年始運転の臨時「シティライナー・成田山開運」号のみとなった。

## AE形　モーニングライナー、イブニングライナーの運転

　モーニングライナー上り４本・イブニングライナー下り７本が、新AE形に変更されて運転されている。

## AE形による　団体臨時列車「令和号」

　新元号となった初日の2019（平成21）年５月１日に、団体臨時列車として京成上野～京成成田間に下り１本が運転された。

## 臨時特急「さよなら3300形・成田山」号運転

　2015（平成27）年２月28日京成上野～京成成田間に、3301編成＋3341編成を使用して運転された。これをもって3000形以来の鋼製車体をもつ3000系「赤電」が全廃された。

## 北総9800形　9801 ～ 9808（京成3731 ～ 3738のリース）

　2017（平成29）年9018編成廃車の代替として導入された。

## 4-06 都営車も新世代に

### 都営5500形を新造
### (5501-1 〜 5501-8 、5508-1 〜 5508-8)

2018(平成30)年6月から運転を開始。5300形の置き換え用で、東京オリンピック・パラリンピックを控えて「浅草線リニューアルプロジェクト」の一環として2017(平成29)年から総合車両製作所(横浜)で製造を開始し、2021(令和3)年度中に5300形全27編成を置き換える。「日本らしさとスピード感が伝わる車両」をコンセプトに軽量ステンレスのサスティナ、6M2T、1C4M方式のVVVFインバータ制御、台車はボルスタ付きのT-1(D・E・F)、列車情報管理制御装置(INTEROS)を装備、120キロ運転が可能になった。外装は歌舞伎の「隈取り」をイメージ、内装は「和」の感覚を各所に取り入れたユニバーサルデザインを採用している。

## 4-07 京成グループ「新・新標準車」の登場

新3000形の製造から16年を経過して、新技術の導入とさらなる省エネ化、快適性を追求した、新しい「新標準車3100形」の製造が開始された。開発のコンセプトは「受け継ぐ伝統と新たな価値の創造」。より便利で快適な移動空間の提供を目指した。

### 3100形(二代目)の新製
### (3151-1 〜 3151-8 、3156-1 〜 3156-8)

2019(令和元)年10月登場、6M2Tの 8両編成、回生ブレーキ付き1C4M方式VVVF制御、通勤型初の定速制御を採用、全閉式三相かご型誘導電動機140キロワット、台車はFS-583 (-M・-T) 車体は軽量ステンレス。1・2次車ともアクセス線専用のため、外装を従来のブルーからアクセス線のラインカラーであるオレンジ色基調に変更して本線との誤乗防止を図った。室内はハイバックのロングシート、8人用座席の中央2席は跳ね上げると荷物置き場に変換可能、車外側面の行先表示装置を拡大、プラズマクラスターイオン発生装置を搭載、今回の1・2次車はアクセス線専用のため、50番代に附番された。3000形3050代と異なり、京成本線では運転されていない。

### 新京成80000形
### (80011 〜 80016、80021 〜 80026)

京成3100形と共通設計の第1編成である80011 〜80016が2019(令和元)年12月に営業運転を開始し、2021(令和3)年11月に2編成目が登場した中間にサハ2両を挟んだ4M2T、フルSic素子VVVF制御を採用。

### 3050形の塗色変更

2019(令和元)年10月の3100形の登場に合わせて、3051 〜 3056編成をラインカラーであるオレンジ色基調の外装に変更した。また3100形の増備に合わせて3051 〜 3055編成は、京成一般色に変更のうえ本線に転用された。

## 4-08 成田スカイアクセス線開業・新AE形運転開始10周年

2020（令和2）年6月17日に、「スカイアクセス線の開業10周年」、「新AE形の運転開始10周年」を迎えた。これを記念して、AE形にステッカー、3100形・3050形各1編成に記念ヘッドマークの掲出と、AE形の停車する主要駅に記念シートを掲出した。

**リバイバルカラー　3688編成**

2020（令和2）年7月31日に8連から6連化され、帯色を登場時のファイアオレンジ色に復元された。

## 4-09 海外・国内旅行客の増大による成田スカイアクセス線の活況

成田空港利用客は、日本人の海外旅行客と海外からのインバウンド旅客の増加で、年を追って拡大した。近年は東南アジアや、国内の格安航空会社（LCC）の参入もあって、京成の成田スカイアクセス線・本線ともに活況を呈した。そのため2019（令和元）年10月のダイヤ改正で「スカイライナー」の20分間隔運転時間帯の拡大が開始された。しかし2020（令和2）年に開催予定だった「東京オリンピック・パラリンピック」は、新型コロナウイルスの世界的流行で1年延期となり、空港利用客が激減することになった。こうした中で、AE 2編成にオリンピック・ラッピングが施されて運転された。

## 4-10 京成・都営の相互直通運転開始から60周年

京成電鉄と都営浅草線（当時は都営1号線）は、1959（昭和34）年12月4日に我が国初の相互直通運転を開始してから2021（令和3）年に60周年を迎えた。

**「相互直通運転開始60周年」記念行事**

浅草線との相互直通運転60周年を記念して統一マークを制定し、両者の各1編成（3054編成・都営5319編成）に掲出して運転され、ポストカード付記念乗車券の発売が行われた。また都営独自でも「浅草線開業60周年」として、5320編成に記念マークを掲出、記念「都営丸ごときっぷ」を発売した。

## 4-11 「さよならシャンシャン」「おめでとう双子のパンダ登場」「双子のパンダ命名」記念行事

　上野公園の地下にターミナルを持つ京成電鉄は、地元の台東区とともに上野動物園のジャイアントパンダに関連する行事を行ってきた。上野動物園に至近の京成電鉄は、パンダに関連する行事をそ都度開催している。

　2017（平成29）年6月の誕生以来上野公園の人気者のジャイアントパンダ「シャンシャン」が、2020（令和2）年末に中国に返済されることになり、12月1日から1月末まで「ありがとうシャンシャン」キャ

ンペーンが行われた。3033編成の前後に異なるデザインのヘッドマークの掲出、京成上野駅構内にデジタルサイネージ、足跡などの装飾を行った。しかし返還はコロナ禍による輸送困難のため、2022（令和4）年5月まで延期された。

　2021（令和3）年双子のパンダの誕生、命名に際しては、それぞれ3000系車両各1編成に4種類のヘッドマークを付けて運転、記念乗車券の発売が行われた。

## 4-12 「四者相直開始30周年」記念行事

　1991（平成3）年3月31日に北総鉄道の2期工事の完成で、京成高砂駅に乗り入れを開始し、京成・都営・京急との間で相互直通運転が開始して以来2021（令和3）年で30周年を迎えた。これを記念して、四

者の各1編成（京成3151・都5319・京急1201・北総7502編成）に記念ヘッドマークが掲出されて運転された。

## 4-13 京成高砂〜江戸川間連続立体化計画

　押上線に続いて連続立体化計画が始動しているが、京成本線・北総線・金町線の分岐駅である京成

高砂駅の構造と、高砂検車区の取り扱いが問題の中心で、検討が進められている。

## 4-14 上野線「荒川橋梁」架け替え計画

　上野線の荒川橋梁は、3〜4メートルの地盤沈下により橋梁部分が周辺堤防より低くなっており、洪水時の水防上大きな問題で、早急な架け替えが望まれ

ている。2022（令和4）年度から架け替え工事が行われる予定である。

## 4-15　船橋～千葉間が開業100周年

　2021（令和3）年7月17日に京成船橋～京成千葉（現・千葉中央）間が開業して、100周年を迎えた。1914（大正14）年に江戸川橋梁の完成により伊与田（現・江戸川）～市川新田（現・市川真間）間の開業で千葉県に進出、中山、船橋と延伸して、1921（大正10）年7月に、県庁所在地の千葉に達した。当時の国鉄総武本線は、非電化で蒸機牽引列車の運転だったことから、フリークエンシーに優れた京成千葉線は、国鉄利用客のかなりを奪う形となった。千葉線の開通後、成田を目指す工事が進められ、1926（昭和元）年に成田花咲町（仮駅）に到達し、名実ともに「京成」が実現された。なお、京成のターミナルである「京成千葉駅」は、千葉市中央部の戦災復興と国鉄千葉駅移転に伴う線路移転により、移転・名称変更が重ねられた。開業100周年を記念して、ヘッドマーク掲出列車の運転、記念乗車券の発売、記念横断幕の掲出、スタンプラリー、AE形の千葉線特別運転などの記念行事が行われた。

## 4-16　「KENTY SKYLINER」の運転

　「スカイライナー」のイメージキャラクターである中島健人氏は、CMなどで「京成王子」を演じている。これが好評なため、2021（令和3）年7月16日には京成上野駅の「一日駅長」を務めた。またAE 5 編成の前後と側面に特別ラッピングを施した「KENTY SKYLINER」を運転開始した。特別に収録した4パターンの車内アナウンスも行われている。

特別ラッピングを施したAE形「KENTY SKYLINER」。王冠（京成王子）をモチーフとしたヘッドマークが印象的である。
◎京成八幡～菅野　2021（令和3）年7月30日

# 4-17 新型コロナによる成田空港旅客の激減

　2020（令和2）年春から新型コロナウイルスの世界的な蔓延により、テレワークの推進もあって通勤輸送の減少にあわせて、成田空港に発着する航空機も、国際線・国内線ともに大幅減便され、空港旅客は激減した。常に混雑していた空港カウンター・ロビーも閑散となり、空港旅客の足である鉄道は京成・JRともに多大な影響を受けることとなり、「スカイライナー」、「成田エクスプレス」ともに減便を余儀なくされた。京成では「スカイライナー」の青砥停車、印西牧の原〜京成上野間の「臨時スカイライナー」の運転など利用促進策も打たれている。2020年の東京オリンピック・パラリンピックも1年延期されて開催されたが、厳しい入・出国制限がその後も続いており、緩和は見通しが立たない。このため全国の鉄道各社は、通勤・行楽旅客共に減少して軒並み大幅な赤字決算を計上、今後の回復も予測できないのが現状である。国内でのコロナ感染者数の落ち着きと

ともに、本年10月からスカイライナーの20分間隔運転が復活されたが、その後に海外での変異したオミクロン株の蔓延で再び厳しい入国制限が行われており、空港旅客も激減し今後の動向が懸念されている。

新型AE車によるスカイライナーの運転開始以来の乗客が3500万人に達した記念の感謝シールが付けられた。
◎京成高砂　2019（令和元）年10月26日

京成3300形のお別れ運転。これで「赤電」グループが消滅したので、ヘッドライトの下に大粒の涙のシールが付けられた。
◎船橋競馬場　2015（平成27）年2月28日

北総7260形のお別れ列車。同時に京成グループから「赤電」系列の車両が完全に撤退した。
◎千住大橋　2015（平成27）年3月22日

# 【懐かしのパンフレット】

千葉急行 沿線ガイド

## 千葉急行線のご案内

千葉急行線は、住宅・都市整備公団が開発を進めている千葉・市原ニュータウン（計画人口13万人）の皆様の通勤、通学の足として建設中の新しい鉄道です。ルートは千葉中央駅とニュータウン内の千原台駅（仮称）を結ぶ約11kmで、ニュータウンの発展を促す動脈でもあるだけにその全線開業が待たれています。

すでに、平成4年、千葉中央～大森台間 開業
さらに、平成7年、大森台～千原台間 開業予定

千葉急行線は、京成電鉄線に乗り入れる都心直結のニューライン。乗り換えなしで都心へダイレクトにアクセスする便利さは、よりスピーディーな通勤・通学を実現し、沿線にお住まいの皆様方から大変な好評をいただいています。また、千葉急行線の建設にともない、ニュータウンの街づくりも急ピッチで進行。沿線には「青葉の森公園」をはじめ、さまざまな魅力ある施設が新設・整備され、フレッシュな活気が息づいています。さらに、坂東第29番札所の「千葉寺」や「大巌寺」、「仁戸名市民の森の古墳群」など一度は訪れてみたい史跡・見所がいっぱい。毎日の暮らしも、ホリデーも、楽しく弾みます。

千葉急行線は京成電鉄線と直通運転しています。

| 千葉急行 項目 京成電鉄 | 千葉寺 | | 大森台 | |
|---|---|---|---|---|
| | 所要時分 | 運賃 | 所要時分 | 運賃 |
| 京成千葉 | 5分 | 250円 | 7分 | 290円 |
| 京成稲毛 | 11分 | 260円 | 13分 | 300円 |
| 京成幕張 | 16分 | 290円 | 18分 | 330円 |
| 京成津田沼 | 21分 | 350円 | 23分 | 390円 |

（お問い合わせ先）鉄道部 運輸車両課
## TEL.043-245-2675
この沿線ガイドの歩行詳細図は、「千葉中央駅」「千葉寺駅」「大森台駅」に、用意してありますのでご利用ください。

# 千葉急行から京成電鉄千原線に名称変更
# ヘッドマーク付列車運転のお知らせ（行路）

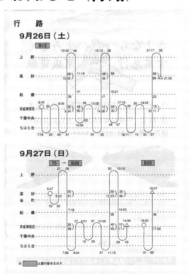

# 第5章
# 京成電鉄の写真記録II
## 千葉急行電鉄、
## 芝山鉄道の写真記録

北総線内を走る3050形3056編成。この外装は2019（令和元）年にスカイアクセス線のラインカラーであるオレンジ系に変更され、今は記憶に残るのみとなった。◎小室〜千葉ニュータウン中央　2010（平成22）年7月17日

# 100周年記念のリバイバルカラーの電車

「創業100周年記念号」は最初の開業区間にちなんで、京成上野発京成金町行き特急として復元された「青電色」運転された。
◎青砥　2009（平成21）年6月30日

リバイバルカラーの第1弾は「青電」塗色だった。◎京成高砂　2011（平成23）年11月23日

「青電」色となったモハ3356。3000系がこの色になったのは初めてのことだ。◎東中山　2009（平成21）年8月25日

千葉中央駅に入線するモハ3356。青電の往時の勇姿を偲ぶことが出来た。◎千葉中央　2009（平成21）年8月16日

金町線運用に入ったモハ3324。地平ホームの時代金町線列車は4番線から発車していた。
◎京成高砂　2010（平成22）年6月30日

特急「さよなら赤電」号モハ3324が青砥駅を発車した。◎青砥　2013（平成25）年3月20日

金町線は柴又〜京成金町間は開業以来単線である。上り列車モハ3324が柴又駅に進入する。
◎柴又　2010（平成22）年6月30日

市川真間駅で定期列車を待避中の送り込み回送列車モハ3295。◎市川真間　2007（平成19）年1月28日

鮮やかな「赤電」塗色の「リバイバル開運号」モハ3295が快走する。◎菅野～京成八幡　2007（平成19）年１月28日

「特急成田行」として特別運転された
復元「ファイアーオレンジ」編成モハ
3312。
◎青砥
2009（平成21）年11月28日

金町線は4両編成専用のため、復元塗色編成を撮影するチャンスが多かった。◎柴又〜京成高砂　2009（平成21）年12月

復元塗色編成は4連のため、本線ではイベント時以外は普通列車で運用された。◎菅野〜京成八幡　2010（平成22）年１月

# ラッピング電車

葛飾区では有名な漫画「こちら葛飾区亀有公園前派出所」をテーマのラッピング列車を金町線で運転した。◎柴又　2010（平成22）年7月11日

ドア脇に「こちら葛飾区亀有公園前派出所」のイラストが、葛飾区ラッピング列車。この作品にはたびたび、京成電鉄の沿線が描かれている。◎柴又　2010（平成22）年7月11日

2008（平成20）年に葛飾観光PRラッピング電車を運行した。葛飾区や松竹と協力し、映画「男はつらいよ」シリーズ開始40周年を記念した絵柄のデザインであった。◎柴又　2008（平成20）年8月27日

各社の車両が乗り入れるこの区間で京成車のみの並びは珍しい。3400形・3500更新車・新3000形が並んだ。
◎京成高砂　2007（平成19）年 3 月13日

江戸川を渡る列車。大きく蛇行する江戸川の上流側の橋梁には北総鉄道が、さらに遠くには常磐線が走る。
◎江戸川～国府台　2011（平成13）年

# 3000形

江戸川駅に進入する3003編成。3700形と比べて前面のブラック部分が拡大された。
◎江戸川　2004（平成16）年5月

京成グループの新標準車として誕生した3000形(二代目)は、第2編成以後は6両編成が製造された。
◎宗吾車両基地　2011（平成23）年2月19日

新3000形はトップナンバー編成の後は、6両編成の増備が続いて初代3000形(赤電)を置き替えた。
◎菅野〜京成八幡　2008(平成20)年5月1日

2018（平成30）年に運転された「京成パンダ号」、京成では上野公園のパンダに関連してその後も様々なヘッドマーク付き列車を運転している。◎京成津田沼　2018（平成30）年6月16日

千葉線船橋〜千葉間開業100周年マークを付けた3021編成。マークには当時の高性能車モハ20形と3000形が描かれている。◎菅野〜京成八幡　2021（令和3）年10月25日

３者直通特急運転50周年記念の臨時特急「城ヶ島マリンパーク号」京成成田発三浦海岸行き。京急マリンパークは2021（令和３）年９月末に惜しまれながら閉園した。◎鬼越〜京成八幡　2018（平成30）年７月７日

京急側からは1500形による「成田山」号が運転された。京成本線の京成高砂以東を走る京急1500形の運用は珍しい。◎菅野〜京成八幡　2018（平成30）年７月７日

# 3050形、3100（3150）形

雪の朝、京成本線を走る3050形。3100形の誕生後この色は消滅し、アクセス線に残ったオレンジ色の帯の車両は原則として本線に入らなかった。◎菅野～京成八幡　2013（平成25）年1月15日

品川駅で京急デハ1057と並ぶ3051編成。品川駅には色とりどりの列車がやってくる。◎品川　2014（平成26）年7月30日

3100形の増備に伴い京成本線
運用に変更された3054編成が
本線を走る帯色変更直前の姿。
この後京成カラーに変更され
た。
◎菅野〜京成八幡
2021（令和3）年10月25日

スカイアクセス線開業10周年
マークを付けた新型車3151編
成が、京成高砂駅に進入する。
◎京成高砂　2020（令和2）年
10月20日

京成・都営「相互直通運転開
始60周年」記念マークを付け
た3152編成、この列車は、3100
形が日中に京成本線を走る唯
一の回送列車だ。
◎菅野〜京成八幡
2020（令和2）年12月16日

# AE形

新AE形の正面は日本の伝統色「紺」のすペースが大半を占める。◎宗吾車両基地　2009（平成21）年12月19日

毎年大晦日と正月三が日、1月中の土・休日に京成本線で
運転される「成田山開運号」。
◎菅野～京成八幡　2019（平成31）年1月1日

前頭部のサイドビューはなだ
らかなカーブで、AE100形の
直線状とは対照的だ。
◎宗吾車両基地
2009（平成21）年12月19日

新AE形の前頭部は160キロ走
行に備えた大胆な流線型だ。
◎宗吾車両基地
2009（平成21）年12月19日

流麗なデザインの新AE形の
編成全景。
◎宗吾車両基地
2009（平成21）年12月19日

初の本線試運転、新鮮なフォルムの新型列
車に注目が集まった。
◎大佐倉〜京成酒々井
2009（平成21）年 8 月27日

京成新AE形は2011（平成23）年の「ブルーリ
ボン賞」を受賞した。
◎千住大橋　2011（平成23）年12月23日

すっきりした連窓風の窓のラインの中間車のサイドビュー。
◎宗吾車両基地
2009（平成21）年12月19日

2・7号車のドア脇には「疾風」をイメージしたロゴマークが描かれている。
◎宗吾車両基地
2009（平成21）年12月19日

4号車の自販機コーナーの側面には丸窓が並んでアクセントとなっている。
◎宗吾車両基地　2009（平成21）年12月19日

# 事業用車

事業用モニ22＋21が京成小岩駅を通過中。この車の日中運転はなかなかお目にかかれなかった。
◎京成小岩　1977（昭和52）年8月

珍しく日中にレール運搬にあたるモニ20形モニ21＋22編成、中間に無蓋のトキ2両を連結して運転している。
◎菅野〜京成八幡　2002（平成14）年5月16日

# 行商専用車

行商専用車の乗車位置案内看板。
◎大佐倉　1995（平成8）年11月18日

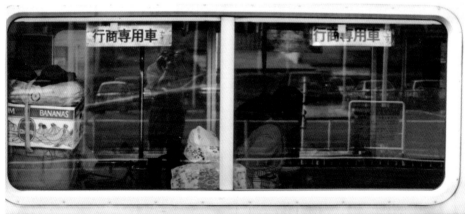

行商専用列車が廃止された後は、朝の上り急行列車2本の最後部1両が専用車となった。写真の車両は都営5300形。
◎京成佐倉　1998（平成10）年6月1日

# 【懐かしの記念乗車券、パンフレット】

## 北総開発鉄道全線開通記念乗車券

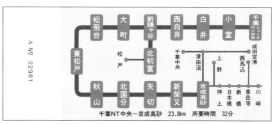

# 千葉急行電鉄

青色に変更され、千葉急行との直通運転開始マークを付けたモハ1032。◎東中山　1992（平成4）年4月4日

1000形1032編成は千葉急行の開業に際して登場。この1000形は元をただせば京急から京成にリースされ、さらに千葉急行にリースされた珍しい例だ。
◎京成高砂
1993（平成5）年3月6日

1995(平成7)年4月1日にちはら台まで延伸した千葉急行。急行と言いながらも急行は走らなかった。当初から路盤は複線分あるが、線路は京成千原線になった現在も、下り線しか敷かれておらず、単線運転をしている。
◎菅野〜京成八幡　1995(平成7)年4月1日

千葉中央駅で並んだ千葉急行3121と京成3295。帯色が上下逆の配列だった。◎千葉中央　1997（平成9）年6月30日

大改装前の日暮里駅に進入する千葉急行3121
の京成金町行き。
◎日暮里　1998（平成10）年

東中山駅を発車した千葉中央行きの千葉
急行モハ3124。京成車と共通運用されて
いた。
◎東中山　1997（平成9）年6月1日

1032編成の置き換えに3125編成が入線、帯色を変えて運用された。
◎京成高砂
1996（平成8）年3月6日

千葉急行解散・京成移管のPRマークを付け、両社2両ずつ連結の4両編成先頭は千葉急行色のモハ3121である。
◎菅野〜京成八幡
1998（平成10）年9月26日

京成・千葉急行両社2両ずつ連結の4両編成で、先頭が京成色のモハ3162。
◎東中山
1998（平成10）年9月26日

高砂車庫に並ぶ車両たち、千葉急行色の車両も2本入庫中だ。◎高砂車庫　1998（平成10）年9月26日

芝山鉄道にリースされた3600形は、帯色を緑帯に変更した。
◎京成高砂　2006（平成18）年5月29日

# 芝山鉄道

芝山鉄道3618編成の特急が東中山を通過する。
◎東中山　2004（平成16）年6月16日

先頭車が電動車ではなく付随車であることから、先頭車両は電動車と取り決めている京急電鉄には直通しなかった。
◎菅野～京成八幡　2007（平成19）年1月23日

3600形の離合。芝山鉄道3611（写真左）と京成3681、帯色とマークの有無などがよくわかる。
◎菅野〜京成八幡　2009（平成21）年

芝山鉄道3618が京成線内を快走する。緑の帯が印象的だ。◎京成中山〜鬼越　2003（平成15）年３月28日

開業初日の芝山鉄道3611編成。
1日だけヘッドマークが付けられた。
◎菅野～京成八幡
2002（平成14）年11月6日

金町線で運用している日本一
短い鉄道の芝山鉄道3500形
3400編成。当時は車両番号の
上に芝山鉄道の路線記号の
「SR」ロゴステッカーを貼付
していなかった。
◎京成金町
2017（平成29）年7月31日
撮影：高野浩一

芝山鉄道3540編成のドア脇の
ラッピング。

# 【懐かしのパンフレット】

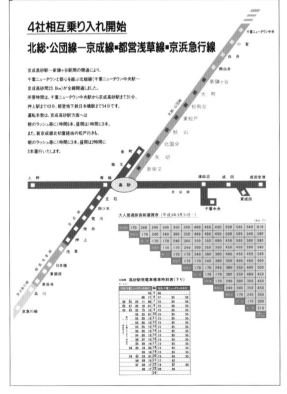

# 第6章
# 新京成電鉄の写真記録

京成千葉線に乗り入れたN800形。京成3000形とほぼ同一形式であるため、京成との一体感の増した車両である。
◎京成幕張本郷　2013（平成25）年2月22日

# 8800形

新京成では毎年沿線の生徒が作成した
「謹賀新年」のヘッドマークが掲出され
る。写真は8801-6編成。
◎八柱～常盤平
2013（平成25）1月10日

京成千葉線直通の8800形。新京成線はひたすら平坦な路線で、トンネルは一つもなく勾配区間もほとんどない。
◎みのり台～八柱　2015（平成27）年1月11日

オリジナルカラーで8両編成時代の8808が直線コースを快走する。◎八柱～常盤平　1986(昭和61) 1 月31日

8800形と800形の勢ぞろい、新京成では形式番号に末広がりの「八」を使っている。
◎くぬぎ山車両基地　1993（平成5）年10月30日

113系やE217系も見えるJR幕張車両センター脇を走る8803-6編成が京成幕張本郷駅に進入する。
◎京成幕張本郷　2009（平成21）年 8 月 8 日

末広がりの8を形式に使用する新京成の車両の中でも人気の高かった8888号車。6連化の附番方式変更で消滅した。
◎八柱〜常盤平　2013(平成25)年1月10日

6両編成化され、ナンバーの附番方式が変更された中間電動車8801-5。◎千葉中央　2009(平成21)年8月16日

開業60周年記念マークを付けた8811編成。
◎京成津田沼
2015（平成27）年5月6日

「新京成開業70周年記念マーク」を付けた8800形8816-2。
◎薬園台
2016（平成28）年10月9日
撮影：戸村計男

新旧塗装の8813編成と8921編成が並んだ。高架化工事が進んでいる。
◎初富
2016（平成28）年2月13日

# 8900形

8900形は新京成初のステンレス車で、前面には新京成を表すＳ字状のデザインが入っていた。
◎常盤平～八柱　2005（平成17）年6月13日

イオングループのラッピングを施された8911編成。◎北習志野　2006（平成18）年10月21日

8800形に続いて1993（平成5）年にから増備が開始されたVVVFインバータ制御車の8900形。
◎八柱〜常盤平
2013（平成25）年1月10日

# N800形

京成3000形（二代目）、北総7500形とほぼ同一の設計の新京成N800形。京成千葉線にも乗り入れ千葉中央まで運用される。
◎京成津田沼
2011（平成23）年2月19日

自動車会社の広告のラッピングを付けたN800形N812。◎京成津田沼　2007（平成19）年2月12日

北総線沿線のショッピングモール開店PRのラッピングをまとった新京成N800形N818。
◎京成幕張本郷　2008（平成20）年2月

# 80000形

京成グループの新しい標準車規格で新製された新京成80000形の第1編成、2021（令和3）年11月に第2編成が登場した。
◎京成津田沼　2020（令和2）年1月5日

## 【懐かしのパンフレット】

# 第7章
# 北総鉄道、
# 千葉ニュータウン鉄道の
# 写真記録

この年の「ほくそう春まつり」のマークには30周年の文字が入った。北総鉄道7800形は京成電鉄3700形のリース車である。
◎青砥　2009（平成21）年 3 月28日

# ４者相互乗り入れ開始の初日

行き交う京急デハ1000形、北総に譲渡された7150形と京急からの乗り入れ列車。この日に４者相互直通運転が実現した。
◎新鎌ヶ谷　1991（平成３）年３月31日

# 7300形

北総２期線の工事が竣工し、開業の前日に祝賀電車が運転された。7308には記念マークが付けられた。
◎新鎌ヶ谷　1991（平成３）年３月30日

新柴又駅に停車中の北総7300
形第1編成。7300形は自社発
注車で京成3700形と同形車だ。
◎新柴又　1994（平成6）年

京成高砂駅に進入する7311編
成。
◎京成高砂
1995（平成7）年5月

品川駅で並んだ4者相互直通運転25周年
マークを付けた北総7300形と京急1500形
の快特列車。
◎品川　2016（平成28）年5月14日

# 7800形

相互直通運転は花盛り、京成高砂
駅に集う各者の車両たち。手前
から北総鉄道7500形、芝山鉄道
3600形、京急電鉄1000形。
◎京成高砂
2008（平成20）年8月27日

京成上野発の臨時特急千葉ニュータウン中央行きが青砥駅を発車した。◎青砥　2018（平成30）年4月20日

# ローレル賞を受賞したげんこつ電車の7000形

北総開発鉄道（現・北総鉄道）7000形は1980（昭和55）年の鉄道友の会ローレル賞を受賞した。前面がΣの形をした個性的な姿で都営地下鉄にも乗り入れ、北総線の名を首都圏に広めた。
◎西白井
1980（昭和55）年8月10日

# 7500形

京成高砂駅に進入する北総7502編成。◎京成高砂　2007(平成19)年3月13日

北総車には飛行機の翼をイメージしたデザインとHOKSOマークが追加された。写真は花火ナイターのマークを付けた7503。
◎印旛車両基地　2008(平成20)年8月3日

「ほくそう春まつり」は趣向を凝らしたマークと、普段走らないルート（京成上野〜千葉ニュータウン中央）の特別運転列車が楽しみだ。◎青砥　2010（平成22）年3月27日

「ほくそう春まつり」マークを付けた7300形7311と7500形7503が並んだ。◎印旛日本医大　2013（平成25）年3月24日

# 9100形

9100形は住宅都市整備公団が千葉ニュータウン中央〜印西牧の原間の開業に際して「快適な移動空間」目指して製造された。
◎印旛車両基地　2008(平成20)年8月3日

9100形のサイドビュー。黄色のドア部の連結面寄りにはクロスシートを装備している。
◎印旛車両基地　2008(平成20)年8月3日

開業30周年の「ほくそう春まつり」号、9100形の京成本線（京成上野〜青砥間）初入線だった。
◎お花茶屋
2009（平成21）年3月28日

京急線内を走る住宅都市整備公団9100形「ラーバン・スニーカー」号。
◎平和島
1999（平成11）月5月11日

9100形「C-Flyer」は北総地区に多く住んでいる野鳥のオナガをイメージした塗色になっている。
◎京成高砂
2012（平成24）年1月3日

# 9200形

印旛車両基地に並んだ（左から）2000形、
9100形、9200形。住宅都市公団・千葉
ニュータウン鉄道のオールスターだ。
◎印旛車両基地
2012（平成24）年3月24日

京成グループの標準車、北総7500形と同一設計の千葉ニュータウン鉄道の9200形9201、9000形の代替として製造された。
◎印旛車両基地　2012（平成24）年3月24日

9200形の中間電動車9201-1。千葉ニュータウン鉄道の車両には黄色の帯が加えられた。
◎印旛車両基地　2012（平成24）年3月24日

# 9800形

京成高砂駅に停車中の印旛日本医大行9800形
9808編成。
◎京成高砂　2017（平成29）年4月15日

この年の「ほくそう春まつり」号は京成上野発京成本線経由千葉ニュータウン中央行きだった。
◎千住大橋　2017（平成29）年4月23日

# 第8章
# 乗り入れ車両の写真記録
## （都営地下鉄、京急電鉄）

京成高砂に集う各社の列車たち、列車の行き先は広範囲な相互直通運転を象徴してバラエティに富んでいる。過去には京急川崎行き、神奈川新町行き、新逗子行きなどの設定もあった。◎京成高砂　2011（平成23）年11月23日

# 都営地下鉄5300形、5500形

北総２期線の開業日に都営5300形も営業運転を開始し、初列車にはささやかな祝賀マークが付けられた。
◎新柴又　1991（平成３）年３月31日

急行マークを付けた都営5300形5308-1が東中山駅に進入する。◎東中山　1993（平成５）年５月

丸型急行板を付けた都営5300形の急行京成成田行き。◎市川真間～菅野　1998（平成10）年4月29日

都営地下鉄50周年マークを付けた5500形のトップナンバー、5500形は「2020東京オリンピック・パラリンピック」を前に
5300形の置き替え用に製造が開始された。貫通扉の上部には浅草線全線開通50周年の記念マークを掲出している。
◎菅野～京成八幡　2018（平成30）年

印旛日本医大駅に到着した都営5300形列車。この駅はニュータウンのシンボルとなっている。
◎印旛日本医大　2010（平成22）年 7 月17日

# 京急電鉄600形

京急600形は登場当時には前面の白線
が無く、ブラックフェイスだった。
◎京成立石　1994（平成6）年

成田空港駅に到着した開業祝賀列車、この
日から「エアポート快特」の運転が開始
された。
◎成田空港　1998（平成10）年11月18日

成田空港からの折り返しは京成上野行きの「エアポート快特」となり、特異な運用が注目を浴びた。
◎京成佐倉　1998（平成10）年11月18日

桜の咲く葛飾八幡宮前を通過するデハ605-8。◎京成八幡～鬼越　2004（平成16）年4月1日

京成佐倉行きの快速運用のデハ608-8。京急乗入れ車は600形・1000形のいろいろなバージョンがやってくる。
◎菅野〜京成八幡　2008（平成20）年5月1日

京成高砂以東の京成本線に乗り入れる京急車は本数が少ない。京成佐倉行きの快速列車デハ602-8。
◎京成高砂　2010（平成22）年6月30日

成田空港・羽田空港駅直結10周
年記念ラッピングとヘッドマー
クを付けた600形。
◎菅野〜京成八幡
2009（平成21）年8月29日

西日を浴びて成田スカイアクセス
線内を快走する京急1000形、左の
幅の違う線路はJRの線路だ。
◎空港第2ビル〜成田湯川
2016（平成28）年8月26日

# 京急電鉄1000形

京成高砂駅に進入するデハ1056先頭の京急車。◎京成高砂　2011（平成23）11月23日

北総線内を快走するデハ1000形ステンレス車。◎小室～千葉ニュータウン中央　2010（平成22）年7月17日

羽田空港駅第2ターミナル側はANAが使用、1039編成には両社の機体が描かれた。◎京成曳舟　2004（平成16）年11月23日

京成線、北総線でも見られる西武鉄道の車体色に似ている京急1000形「イエローハッピートレイン」。
◎八広　2015（平成17）年5月3日

京成・新京成・北総・住都公団 千葉ニュータウン・千葉急行　車両一覧表　その3［下巻］

| 社名 | 構造 | 形式 | 番号 | 輌数 | 製造初年 | 製造 | 車体長 | 台車 | 主電動機 | 駆動方式 | 制御方式 | 制動方式 | 改造・更新・冷改 | 廃車 | 転属・リース | 転属後車号 | 廃車・返却 | 備考 |
|---|---|---|---|---|---|---|---|---|---|---|---|---|---|---|---|---|---|---|
| 京成 | ステンレス | 3600 | 3601-3608(4·5号車欠) 3681-3688 | 54 | 1982 | 東急 日車 | 18000 | FS-513 / FS-013 | KMM-8500 140KW×4 | TD / WN | ACRF-H8140-7683A | MBS-R | 1997-8四両組み換え・3668編成VVVF改造 | — | 芝山 2002 | 3618編成 | 2013 | 6両固定編成 界磁チョッパ; 先頭車Tc、ワンハンドルマスコン |
| 京成 | 調製 | AE100 | AE 101-108 ～ AE1161-168 | 56 | 1900 | 東急 日車 | 19000・先頭車19500 / 19500 | FS-543 / FS-043 | 130KW×4 | TD | ATR-H61700-A | MBSA | AE104,114,124,134 トイレ増設 | 1995 | — | — | — | 8両固定編成 3·6号車T |
| 京成 | ステンレス製 | 3700 | 3701-3708 ～ 3861-3868 | 132 | 1991 | 東急 日車 | 18000 | FS-547 / FS-047 | KMM-6170 130KW×4 | WN | ATR-H8130-RG633A-M | MBSA | 3701-3731 編成スカート追設 | — | 北総 2003 | 3801-3808 →7801-7808 | — | 先頭車Mc 3·6号車 VVVF 車いすスペース 3828編成-前面デザイン変更 |
| 京成 | 調製 | 3400 | 3401-3408 ～ 3441-3448 | 48 | 1993 | 大栄 | 18000 | FS383A / FS083A | TDK8500A 140KW×4 | TD | ACRF-H8140-766-B-M | MBS-R | 3408～3438編成 スカート追設 | — | 北総 2002年6月 | 3401-3408 | 返却 2002年8月 | 車体新造、ブロック構体 3·6号車T |
| 京成 | 全金属・調製 | モハ1000 | 1029-1032 / 1037-1040 | 8 | 1958 | 川車 / 東急 | 18000 | OK-18 / TS.310B (1029·1030) | TDK810/6H 75KW×4 / MB3058-A 75KW×4 | TD / WN | ES566B / CB-14C | HSC-D | | 1992 / 1991 | 千葉急行 再リース | 1029-1032 塗色ブルー/白帯 | 1994 | ·京急デハ1000形 ▲1988年京急よりリース 塗色京急色のまま使用 |
| 京成 | 軽量ステンレス製 | 新3000 | 3000-1～ 3000-8～ 3043-1～ 3043-8 | 274 | 2003 | 日車 東急 総車 | 18000 | FS564 / FS064 | TDK6174-A / MB5100-A | TD / WN | RG681-A-M | MBSA | | — | — | | | ブロック構体 前頭部普通鋼 3·6号車T 集中冷房 |
| 京成 | ステンレス製 | 新3050 | 3051-1～ 3051-8～ 3056-1～ 3056-8 | 48 | 2010 | 日車 総車 | 18000 | FS564 / FS064 | MB5100-A | WN | RG681-A-M | MBSA | | — | — | | | 3·6号車T 内外装の基調色ブルーに |
| 京成 | アルミ製 | 新AE | AE1-1 ～ AE1-8～AE9-1 ～AE9-8 | 72 | 2017 | 日車 東急 | 19000 先頭車19500 | SS170-M / SS170-T | TDK6070A 175KW×4 | TD | RG009A-M | MBSA | 京成色に塗色変更 | — | — | | | ダブルスキン構造 ボルスタレス台車 フルアクティブサスペンション |
| 京成 | ステンレス製 | 新3100 | 3151-1～ 3151-8～ 3156-1～ 3156-8 | 48 | 2019 | 日車 総車 | 18000 | FS564-M / FS564-T | TDK6071A 140KW×4 / MB5100-A 140KW×4 | TD / WN | RG6045A-M | MBSA | | — | — | | | Si-IGBT·Si-SBD素子 ハイブリッド2レベルPWM方式 |
| 京成 | 調製 | モニ20 | 21, 22 | 2 | 1974 | 大栄 | 18000 | FS-28 | SE198 130KW×4 | 吊掛 | FS-511-B | AMMR-R | | 2007 | — | | — | 21は下り方、22は上り方に作業員室・パンタ搭載 |

| 社名 | 構造 | 形式 | 番号 | 輛数 | 製造初年 | 製造 | 車体長 | 台車 | 主電動機 | 駆動方式 | 制御方式 | 制動方式 | 改造・更新・冷改 | 廃車 | 転属・リース | 転属後車番 | 廃車・返却 | 備考 |
|---|---|---|---|---|---|---|---|---|---|---|---|---|---|---|---|---|---|---|
| 新京成 | 鋼製 | 8800 | 8801-8808 ～ 8889-8896 | 32 | 1986 | 日車 | 18,000 | FS514 / FS014 | MB5018-A 135KW×4 | WN | MAP-148-15 VO6 | MBSA | 2006年～6両編成化 組換え・先頭車化 | — | — | — | — | 8両固定編成 1・8号車Tc車 4・5号車T車 |
| | 軽量ステンレス製 | 8900 | 8911-8918 ～ 8931-8938 | 24 | 1993 | 日車 | 18000 先頭車 18700 | SS534 / SS034 | MB5018-A 135KW×4 | WN | MAP-148-15 VO37 | MBSA | 6両編成化 組換え | 2014年 8914·8915 ～ 8934-8935 | — | — | — | 1・8号車Tc車・4・5号車T車 前頭部鋼製・ボルスタレス台車・1500ミリ幅ドア |
| | | N800 | N811-818 ～ N815-858 | 30 | 2005 | 日車 | 18,000 | FS564S / FS064S | MB-5117-A 125KW×4 | WN | RG692-A-M | MBSA | | | | | | 京成・新京成直通車両規格 3・6号車T、4・5次 集中冷房 |
| | | 80000 | 80011～80016 80021～80026 | 12 | 2019 | 日車 | 18,000 | FS5583SM / FS583ST | MB5160-D 155KW×4 | WN | MAP-168-15 VO331 | MBSA | | | | | | 3・4号車T車 |
| 北総 | 軽量ステンレス製 | 7300 | 7301-7308 7311-7318 | 16 | 1991 | 東急 日車 | 18,000 | FS-547 / FS-047 | KMM-6170 130KW×4 | WN | ATR-H8130-RG633A-M | MBSA | | | | | | 自社発注車 先頭車Mc 3・6号車T車 VVVF |
| | | 7500 | 7501-1-8 ～ 7503-1-8 | 24 | 2005 | 東急 日車 | 18,000 | FS564S / FS064S | KMM-6170 130KW×4 | WN | ATR-H8130-RG633A-M | MBSA | | | | | | 自社発注車 3・6号車T |
| | | 7800 | 7801～7808 7811-7818 7821～7828 | 24 | 1997 | 日車 | 18,000 | FS-547 / FS-047 | TDK6170-A 130KW×4 | TD | ES783-A-M | MBSA | | | 京成 リース | 3801～3808 3741-3748 3771-3778 | 7814・7812廃車 7818F返却 | 帯色 ブルー濃淡 3・6号車T |
| 住都公団・千葉NT | 軽量ステンレス製 | 9100 | 9101～9108 9111～9118 9121～9128 | 24 | 1994 | 日車 | 18,000 | FS-547 / FS-047 | KMM-6170 130KW×4 | WN | ATR-H8130-RG633A-M | MBSA | | | | | | 愛称C-Flyer 性能は北総7300に準じる |
| | | 9200 | 9201-1 ～9201-8 | 8 | 2013 | 日車 | 18,000 | FS564S / FS064S | TDK6174-A 125KW×4 | TD | ATR-H8125-RG681A | MBSA | | | | | | 帯色 ブルー濃淡・黄帯 |
| | | 9800 | 9801-1 ～9801-8 | 8 | 1992 | 日車 | 18,000 | FS-547 / FS-047 | TDK6170-A 130KW×4 | TD | ES783-A-M | MBSA | | | 京成リース | 3731-3738 | — | 帯色 ブルー濃淡・黄帯 |
| 千葉急行 | 鋼製 | 1000 | 1029～1032 | 4 | 1959 | 川車 | 18,000 | OK-18 | TDK810/6H 75KW×4 | TD | ES-566-B | HSC-D | | 1995 | 京急→京成リース 1991 | 車号そのまま | 1994 | ブルー・白帯 |
| | | 3050 | 3067-3074 | 8 | 1959 | 帝国 | 18,000 | FS-329 | MB3028E 75KW×4 | WN | ES-566-C | HSC-D | | | 京成リース 1994 | 車号そのまま | 1996 | ブルー・白帯 |
| | | 3120 | 3121,3122, 3125～3128 | 6 | 1961 | 日車 | 18,000 | KS116B | TDK810/4F 75KW×4 | TD | ES-565-C | HSC-D | | 1996 | | | 1998 1997 | |
| | | 3150 | 3151・3154 3157・3158 3161・3162 | 10 | 1963 | 汽車 日車 | 18,000 | KS116C | TDK810/4F 75KW×4 | TD | ES-566-C | HSC-D | | 1997 | 京成リース | 車号そのまま | 1999 1998 | 大字の車号は1998年 千葉急行解散で京成に復帰 3161・3162は北総に 再リース7093・7094に、2003返却 |

鉄道友の会ブルーリボン賞マークを付けた「スカイライナー」が荒川橋梁を渡り成田空港に急ぐ。この橋梁は近く架け替え工事が開始される。◎京成関屋〜堀切菖蒲園　2012（平成24）年3月11日

博物館動物園駅は2004（平成16）年に廃止されたが、その建物は建設当時に旧皇室所有地内を通過するために重厚な形で建設された。2018（平成30）年には都の「歴史的重要建築物」に指定されたのを機に再整備され、東京芸術大学と連携して再利用が図られている。(イラストは筆者画)

# あとがき

　112年前に"柴又帝釈天詣で"の「人車鉄道」からスタートした京成電鉄は、"成田山詣で"の参詣鉄道とともに、地域の足として発展した。戦後は、通勤人口の急増、わが国初の地下鉄との「相互直通運転」の開始、新京成・北総などのグループ鉄道の新路線を合わせて、成田・羽田の両空港輸送と首都圏の通勤輸送を担う大動脈に発展した。

　創業110年余を迎え、第3滑走路計画も始動したわが国の玄関口成田空港への「成田スカイアクセス線」と、成田〜羽田の「両空港を結ぶ基幹路線」を持つ京成グループ各社の鉄道は、格安航空路線の新・増設などによる利用者増も予想され、現在こそコロナ禍により、利用者は低迷を余儀なくされているが、コロナ禍の収束後には、再びさらなる発展が期待されるところだ。

　本書3巻の出版にあたり、貴重な写真・資料をご提供いただいた宇野　昭、大庭幸雄、戸村計男の諸氏と、出版・編集に格別のご配慮を頂いたフォトパブリッシング社の福原文彦、高野浩一の両氏に深く感謝する次第である。

　また、長年にわたり、趣味活動を支えてくれた妻洸子にも感謝の意を表したい。

2022年1月3日88歳の誕生日に　長谷川 明（鉄道友の会会員）

新たな元号の制定を記念して臨時特急「令和」号が会員制で下りのみ運転された。
◎菅野〜京成八幡　2019（令和元）年5月1日

【著者プロフィール】

## 長谷川 明（はせがわ あきら）

1934（昭和9）年東京生まれ。1956（昭和31）年東京都立大学卒業

大学時代より「東京鉄道同好会」、「交通科学研究会」を経て「鉄道友の会」に入会。同会東京支部委員、本部理事・監事を経て、現在は参与。1950年代初期から民間会社勤務の傍ら、鉄道車両の撮影・研究を開始し現在に至る。

【著書】

ネコ・パブリッシング「RMライブラリー」にて「1950年代の戦前型国電」上・中・下巻、「私鉄買収国電」、「1950年代の関西私鉄散歩」など。

電気車研究会「鉄道ピクトリアル」誌に、旧型国電・京成電鉄関係の記事・写真掲載多数。

フォト・パブリッシング『外房線 街と鉄道の歴史探訪』、『総武本線、成田線、鹿島線 街と鉄道の歴史探訪』等に写真提供多数。

【古地図解説】

生田 誠

【参考資料】

| 「京成電鉄85年の歩み」 | 1996年 | 京成電鉄 |
| 「京成電鉄100年の歩み」 | 2009年 | 京成電鉄 |
| 「新京成電鉄50年史」 | 1997年 | 新京成電鉄 |
| 「鉄道ピクトリアル」各号 | | 電気車研究会 |
| 「鉄道ファン」各号 | | 交友社 |
| RMライブラリー | | |
| 「大榮車両ものがたり」下 稲葉克彦 | 2015年 | ネコ・パブリッシング |

京成電鉄

# 京成電鉄、新京成電鉄、北総鉄道の写真記録
## 【下巻】1980年代～現在の記録

2022年2月3日　第1刷発行

| 著　者 | …………………長谷川 明 |
| 発行人 | …………………高山和彦 |
| 発行所 | …………………株式会社フォト・パブリッシング |

〒161-0032　東京都新宿区中落合2-12-26

TEL.03-6914-0121 FAX.03-5955-8101

発売元…………………株式会社メディアパル（共同出版者・流通責任者）

〒162-8710　東京都新宿区東五軒町6-24

TEL.03-5261-1171 FAX.03-3235-4645

デザイン・DTP ………柏倉栄治（装丁・本文とも）

印刷所…………………株式会社シナノパブリッシングプレス

ISBN978-4-8021-3300-5 C0026

本書の内容についてのお問い合わせは、上記の発行元（フォト・パブリッシング）編集部宛てのEメール（henshuubu@photo-pub.co.jp）または郵送・ファックスによる書面にてお願いいたします。